如是

As It Is

（下）實修問答篇

作者◎祖古·烏金仁波切（Tulku Urgyen Rinpoche）
譯者◎項慧齡

祖古·烏金仁波切

開門見山直指心性的教法

目次

三條線之間沒有分隔，沒有區別。

第十三章　了證的故事……267
已了證的瑜伽士不執著於事物的堅實性，他們把一切事物視為「如是」——可見的空性、可聽的空性，以及本初覺醒的戲耍。

第十四章　給死因的忠告……285
死亡只是身體的死亡，心不會死亡。當死亡的時刻來臨，你要這麼準備自己：想像你布施一切——整個宇宙、你和其他人所建立的所有因緣、你的財物，甚至自己的身體。

第十五章　白晝的星辰……291
在這個世界上，沒有從事修行的有情眾生的數量，有如夜晚的星辰般不可計數；那些有興趣修持佛法的眾生，如白晝的星辰般稀有。

※本書注釋說明：①為原注；❶為譯注

序言

《如是》下冊實修問答篇所集結的教法，主要選自怙主祖古・烏金（Tulku Urgyen）仁波切於一九九四年和一九九五年間所給予的開示。《如是》上冊心要口訣篇的內容強調「生起次第」；實修問答篇的重點則主要放在「圓滿次第」之上。

在《如是》實修問答篇之中，我們試圖去顯示存在於祖古・烏金仁波切及其弟子之間的親密與溫暖。我們嘗試透過顯現仁波切與人互動的方式，來真實而準確地呈現他的風格。我們渴望讓讀者們體驗在這麼一個嬉戲而善巧、坦率直接而啟發人心的大師面前，會是什麼樣的滋味。

出自對誓約的尊重——保持這些教法為祕密的誓約，我們有必要刪去一些微妙的要點，如果這麼做讓讀者們產生困惑，請加以原諒。大圓滿的口傳無法僅僅從書籍中領受，也無法從教法最極致的部分擷取出來，而丟棄其餘的部分。本書強調的是，親自從一個具格的大師和藏傳佛教傳承持有者那裡領受這樣的教導，有多麼地重要。

《如是》心要口訣篇包含了仁波切圓寂之後，對他的兒子們所作的部分訪談。在下冊，我們節錄了其他偉大上師的陳述作為導言，能夠把這些談話重現在世人面前，我們心中充滿感謝。我們誠摯地感謝所有協助完成本書的法友：編輯凱利・摩仁（Kerry

Moran）、校對林恩・史若德（Lynn Schroeder）和麥可・尤基（Michael Yockey）、謄寫員戴爾・歐康納（Dell O'Conner）、監督各項雜務的麥可・特維德（Michael Tweed），以及印刷贊助者李察・吉爾（Richard Gere）。

如果本書的內容有任何重複之處，請加以原諒。烏金仁波切自己說，他的談話有如麻雀的鳴唱，總是千篇一律！我們把《如是》視為我們對這個傳統的學生的供養。在此同時，我們希望新進弟子可以從中體驗到要如何請求和回應心意教法（mind teachings）。

在最後，願出版像這樣一本書所獲得的任何功德能利益一切眾生，真正地了悟大圓滿，也願它加速我們殊勝上師怙主祖古・烏金仁波切的轉世再來。❶

馬西亞・賓德・舒密特（Marcia Binder Schmidt）

納吉寺，二〇〇〇年四月

❶祖古・烏金仁波切的轉世靈童烏金・吉美・惹色・達瓦（Urgyen Jigme Rabsel Dawa）於二〇〇一年出生，二〇〇八年舉行坐床大典。

【導言一】

真正的謙遜

雖然我能說的不多，但是我想要講一講這幾句話。祖古．烏金仁波切和我來自西藏東部的相同地區，但是我們卻好像分隔兩地而居。在那個年頭，我們沒有現代的科技，由於沒有飛機、火車、汽車，因此每個人在旅行時，不是靠步行就是騎馬。所以，我們今天認為可以用現代的交通運輸工具抵達的地區，在當時卻像是一個距離遙遠的處所。雖然我們已經聽說過彼此，但是一直要到我初抵加德滿都谷地，我們才開始有所連繫。

當我來到尼泊爾時，祖古．烏金仁波切已經居住在加德滿都。由於我知道他是個什麼樣的人物，所以我不斷地煩擾他，直到他慈悲地同意給予我《施身法百灌頂》（*One Hundred Empowerments of Chö*）的口傳。那時，我相當窮困，無法為這次的口傳作任何重大的供養。由於祖古．烏金非常仁慈，而且和我是同鄉，因此我幸運地領受了所有的灌頂。從那時開始，我們之間維持一個非常清淨的三昧耶❶連繫，沒有任何的毀損或裂痕，完整如一只易碎但未裂的蛋殼。由於祖古．烏金是一個具有大慈心且極為忠誠的人，因此一旦他對人有了徹底的了解之後，就永遠不會改變他對那個人的感受。

至於修行，在經典與密續之間，他比較精通密續的教法，在薩瑪（Sarma）和寧瑪（Nyingma）傳承之間，他對寧瑪傳承的修持較有成就。他不是那種你可以隨意問他關於其個人證量的人，我從來沒有聽過他提及自己有任何特殊的覺受或高深的證量。但是毫無疑問地，我覺得他肯定是一位非凡出眾的修行者。任何一個見過祖古・烏金仁波切的人，都會覺得他絲毫不自負，沒有追求顯赫地位或名聲的野心，也不懷有任何的怨怒。他仁慈而誠摯地對待每個人，從未離棄朋友。

祖古・烏金仁波切也離於欺詐和口是心非，如果他說了什麼，你永遠可以相信他心口一致，他不會虛偽行事，說一套、做一套。在他的人際關係之中，他從未不誠實或不可靠。

就修行的關係而言，他與第十六世噶瑪巴（Karmapa，即大寶法王）有所關連。第十六世噶瑪巴是偉大的實修傳承之中，最重要的喇嘛之一。噶瑪巴與達賴喇嘛、班禪（Panchen）仁波切、薩迦・企千（Sakya Trichen）居於同等的地位。祖古・烏金是噶瑪巴的上師之一，給予噶瑪巴許多源自《秋林岩藏》（*Chokling Tersar*）的灌頂與教法。

噶瑪巴尊崇祖古・烏金為他的頂嚴，祖古・烏金即使擁有這樣的地位，卻從未妄自尊大或利用這種名聲。當他置身一群喇嘛之中，或坐在一場大規模的宗教集會中時，他總是拒絕居於首位，堅持坐較低的位置。坐地位較低的座位是已經調伏自心的一個徵兆，而他的行止總是如此。否則，既然他是噶瑪巴的上師，他大可以維持一個莊嚴高貴

❶三昧耶（samaya）即「誓願」，包括上師身、口、意的戒律和十四根本墮。

的風采，但是因為他是一個密續行者，因此他視自己低於任何其他的喇嘛，甚至低於一個尋常的、受了具足戒的比丘。

真正的謙遜是已經獲得覺受和證量的徵兆。如果沒有覺受和證量，我們便只會專注於世俗的態度——自大地對待地位卑下的人，嫉妒地位居上的人，並且與地位同等的人相互較勁。這是不可避免的，因為貪、瞋、痴、慢、疑等五毒仍然活生生地留存在我們的心續之中，即使一個人裝扮成出離者或瑜伽士，這些煩惱在他們身上有時仍然顯而易見。但是，祖古．烏金完全不是這樣的人。

我們的關係有如兄弟，他平等地對待我，彷彿我們出自同一個父母。當他和我分享他的想法時，他的話語和他的真實感受之間從未有任何矛盾之處。這不表示其他的喇嘛不可靠，但是對我而言，彷彿祖古．烏金是唯一一個我真正覺得可以交託信賴的人。這或許是因為我是一個老古板或時代已經改變了，但是對我而言，他是我可以仰賴的主要人物。

所有的佛教道乘都教導，你們不應該把自己的上師視為尋常人等。尤其在金剛乘的修行之中，每一件事物都仰賴上師，上師是所有成就的基礎。因此，你們要誠心誠意地向他祈請，觀想他在你面前的虛空之中，把你的心無二無別地融入他的心之中，並且領受四種灌頂❷。藉由這麼做，你將很快具有覺受和證量，將可能在剎那間瞥見內在的真如（innate suchness）——內在的佛。即使當上師不再存在於他的肉身之中，這一點仍然是真確的——如果你向他祈請，你仍然能夠了悟他的本性。因此，所有的弟子們，請小心謹慎地維持你們和上師之間的三昧耶。

此外，一再地提醒自己親耳從上師那裡聽到的話語，並且用你的心去全然地了悟其中的意義。簡而言之，就聞、思、修而言，你們應該融會所聽聞的話語，深思其中的意義，然後把它們付諸實修，這麼做將實現你們上師的願望。這就是所謂的「修行的供養」（offering of practice），它遠遠超過豐富的物質供養。當然，物質供養有其好處，但是沒有什麼可以勝過這種「修行的供養」。用堅定不移的信任把這種修行應用於言語和行為之上，並且專注於一境地向上師祈請。請記住，這是我們唯一需要去做的事。

我或許不需要提及這一點，但是我仍然覺得，祖古・烏金仁波切的兒子們都是了不起的人物。他們出身倉薩（Tsangsar）❸家族，據說倉薩家族起源於天眾。在這個家族世系之中，有許多有成就的大師，他們都是非凡出眾、受人尊敬、心胸崇高的人物。我想仁波切的兒子們將會遵循他們的傳統。

以下的話是對祖古・烏金仁波切所有的弟子而說：如果你們在今生、中陰和來世持續維繫自己和仁波切之間的三昧耶，你們肯定會從中獲益。遵循他給予你們的忠告，竭盡所能地服侍仁波切，沒有什麼比這個更重要的了。藉由取悅上師，你可以移除障礙；

❷四種灌頂是金剛乘系統介紹真如實相的方法，分別是：（一）寶瓶灌頂；（二）祕密灌頂；（三）智慧灌頂；（四）殊勝語灌頂。內容詳見本書第十二章。

❸倉薩（Tsangsar）是祖古・烏金仁波切的家族姓氏，也是位於囊謙（Nangchen）的一個古代王國。

讓上師感到不悅和心煩意亂，等同於犯下五無間罪（五種最嚴重的不當行為）❹。取悅上師是獲致成就的基礎，上師被認為比本尊和護法更重要，對上師的虔敬心是眾所周知的萬靈丹。

許多弟子曾經親耳聽聞祖古．烏金的話語。請繼續遵循他的忠告，維持你們之間的三昧耶。對今生、中陰和來世而言，沒有什麼比這個更好的了。把你們創造的功德迴向，並且清淨地祈請仁波切的願望圓滿實現。

為了顯示一切無常，甚至連超越生死的釋迦牟尼這樣的聖者，都仍然在拘尸那羅（Kushinagar）入滅——雖然這只是就表面的實相而言。同樣地，祖古．烏金停留於法界中，並且準備返回人間，但是返回人間，完全取決於眾生的喜好與意向。不要認為一個已經離開人間的大師是沒有感情的；除了人道之外，他們還可以利益其他許多道的眾生。為了為未來創造一個連繫，我們必定需要大量的功德。因此，要竭盡所能地創造功德，實現仁波切的願望，這是我唯一能說的，請每個人把這些話謹記在心。

塔立（Tarik）仁波切講述

❹五無間罪是指：（一）殺父；（二）殺母；（三）殺阿羅漢；（四）破和合之僧；（五）出佛身血。犯其中一項者，死後立即墮入無間地獄，而不經中陰狀態。

【導言二】

真正的大圓滿瑜伽士

我想要簡短地告訴你們關於祖古・烏金仁波切的美好功德。大約在一個世紀以前，有一位由牟如・贊波（Murub Tsenpo）王子化身的崇高大師，轉世成為偉大的掘藏師秋吉・林巴（Chokgyur Lingpa），每個人都無異議地接受他。祖古・烏金仁波切刻意地選擇在這個掘藏師家族中轉世。

當祖古・烏金年輕時，他研習一般的和祕傳的學問，達到圓滿的境界。當他長大成人之後，他在莊嚴出眾的父親和第十六世噶瑪巴讓炯・日佩・多傑（Rangjung Rigpey Dorje）的足下，領受所有真正的教導。後來，他在楚布（Tsurphu）的閉關中心進行密集的修行，楚布閉關中心又名「貝瑪・克永・宗」（Pema Khyung Dzong）或「德千・秋林」（Dechen Chöling）。藉由這次的修行，他了悟了大圓滿教法四相（four visions）❶的最後一相，這種見地即眾所周知的「法性遍盡」（exhaustion in dharmata）。根據這種了悟，第十六世噶瑪巴日佩・多傑請求祖古・烏金傳授秋吉・林

❶四相（four visions）是大圓滿法的「頓超」法修行中的四種接續階段：（一）現見法性；（二）證悟增長；（三）明智如量；（四）法性遍盡。

巴的伏藏教法。第十六世噶瑪巴日佩．多傑可以看見過去、現在、未來三世，也可以直接看見一切眾生的死亡與再生，雪域西藏的每個人都盛讚他是一個真正且圓滿的人物。因此，日佩．多傑接受祖古．烏金為他的根本上師、壇城之主。

噶瑪巴在接受祖古．烏金為自己的根本上師之後，便領受了完整的、正確的和圓滿的成熟灌頂——解脫的教導，以及為甚深之大圓滿教法做準備的支持口傳（supportive reading transmissions），還有秋吉．林巴的伏藏教法。因此之故，我覺得祖古．烏金肯定是一個已經達致「法性遍盡」之境的真正大圓滿瑜伽士，也是一個完全具格而完美、超凡出眾的大師。

近年來，所有噶瑪噶舉派（Karma Kagyü）的傳承持有者，例如夏瑪（Shamar）仁波切、錫度（Situ）仁波切、蔣貢（Jamgön）仁波切、嘉察（Gyaltsab）仁波切、達桑（Dabzang）仁波切及許多其他傳承持有者，都視祖古．烏金為他們的根本上師，祈請他為壇城之主，並且從他那裡領受了完整的秋吉．林巴伏藏教法。從這個觀點來看，我再度覺得祖古．烏金毫無疑問地是一個已經達到「法性遍盡」之境的大圓滿成就大師。

祖古．烏金用一輩子從事修行和閉關，晚年居住在納吉寺（Nagi Gompa）的關房。在那裡，他達到修行的盡頭——成就了所有的事業，完盡了他的壽命之後，祖古．烏金展現他肉身暫時的消融，以激勵我們這些執著無常的弟子從事修行。正如同其他聖者和菩薩永遠不會背棄佛法和眾生，我相信在不久之後，我們將擁有殊勝的順緣去觀看一位新祖古莊嚴絕好的面容。這位新祖古將會陞座，展開他無窮無盡轉動甚深廣大法輪的豐功偉業，他的健康和壽命將如金剛般不壞。

祖古・烏金仁波切對我無限仁慈，他更慈悲地授予我《大圓滿三部》（藏*Dzogchen Desum*；*Three Sections of the Great Perfection*）的灌頂、教導和口傳。因此，我把祖古・烏金視為我特殊的根本上師之一，他的仁慈無與倫比。

天噶（Tenga）仁波切講述

【導言二】

面對挑戰

掘藏師秋吉・德千・林巴（Chokgyur Dechen Lingpa, 1829-1870，即秋吉・林巴）是近代最偉大的大師之一，他被認為是西藏國王赤松・德贊（Trisong Deutsen）之子的轉世。卓越的喇嘛蔣貢・康楚（Jamgön Kongtrül）和蔣揚・欽哲・旺波（Jamyang Khyentse Wangpo）大為敬重秋吉・林巴的智慧和成就，秋吉・林巴的教法因透過這兩位喇嘛而造成深廣的影響。秋吉・林巴掘取出超過兩百五十部包含在《伏藏珍寶》（藏*Rinchen Terdzö*；*Treasury of Precious Termas*）之內的法本。他不僅受到寧瑪派的尊崇，也受到噶瑪噶舉、竹巴（Drukpa）、直貢（Drigung）、塔隆（Taklung）和薩迦（Sakya）等各派的敬重。事實上，自從仁增・吉美・林巴（Rigdzin Jigmey Lingpa）的時代以來，秋吉・林巴是最偉大的掘藏師。

秋吉・德千・林巴的傳承由他的女兒瑟嫫・貢秋・巴炯（Semo Könchok Paldrön）延續下來，然後再傳給她的四個兒子。她的其中一個兒子倉薩・吉美・多傑（Tsangsar Chimey Dorje）是我們摯愛的祖古・烏金仁波切的父親。

祖古・烏金仁波切徹底精通秋吉・德千・林巴的特殊傳統，也是寧瑪派教傳（Kama，或稱「長傳」）和巖傳（Terma，或稱「短傳」）的偉大大師，同時也是當代最廣含的傳承持有者。如同身兼他的學生、老師、師兄弟的第十六世噶瑪巴，祖古・烏金也從卡瑟・康楚（Karsey Kongtrül）那裡領受教法。卡瑟・康楚是第十五世噶瑪巴的兒子，也是蔣貢・康楚的一個轉世。

祖古・烏金展現了對龍欽巴（Longchenpa）❶、秋吉・林巴、蔣揚・欽哲和蔣貢・康楚的虔敬心，這種虔敬心啟發了所有認識祖古・烏金的人。在一九五〇年代，祖古・烏金為了從我的根本上師第二世蔣揚・欽哲・卻吉・羅卓（Jamyang Khyentse Chökyi Lodrö）那裡領受教法，而旅行至拉薩和甘托克（Gangtok）❷。除了領受灌頂之外，祖古・烏金還和蔣揚・欽哲・卻吉・羅卓這位偉大的大師進行許多私密的討論。蔣揚・欽哲・卻吉・羅卓、敦珠（Dudjom）仁波切和頂果・欽哲（Dilgo Khyentse）仁波切都把祖古・烏金視為他們的顧問和善知識。

祖古・烏金不僅和藹親切，充滿智慧和慈悲，也謙遜、柔和。他以身為一個瑜伽士而聞名，雖然他不像密勒日巴（Milarepa）那樣在山間過著隱居的生活，但是他的心展現了所有像密勒日巴這樣的成就大師的品質。祖古・烏金極為謙虛，服侍第十六世噶瑪巴，擔

❶龍欽巴（Longchenpa）：被尊稱為繼蓮花生大士之後的「第二佛」，是寧瑪派的法王，深受藏傳佛教四大派的尊崇。其著作有兩百五十部之多，最重要的作品是《七寶藏》，這是寧瑪派大圓滿法的重要傳承依據。

❷甘托克（Gangtok）為錫金的首都。

任修行和實際事務的助手與顧問，也給予噶瑪巴《阿底瑜伽》（*Ati Yogi*）的教法。做為一個值得信賴的知己，在處理斯瓦揚布寺（Swayambhu Temple）❸長期的糾紛方面，祖古．烏金提供了不可或缺的協助。在擔負這些責任時，他從來沒有一次半途而廢。

祖古．烏金的學者身分並不廣為人知，但是他理解的深度卻無人能及，許多寧瑪派和噶舉派的大師們對他廣博的學識都非常敬重。他徹底而仔細地研習和修持《阿底瑜伽》，他的大圓滿教法，轉化了那些被他溫柔而具洞察力的明晰所觸動的人的生命。

身為一個禪修導師和灌頂大師，他無人能及。我們特別有幸，能夠從祖古．烏金那裡領受秋林傳承的甚深教法，觀世音菩薩和蓮師即是透過這些教法而化現在我們的生活之中。這些儀軌直接而清晰，使得人們得以親近金剛乘深奧複雜的教法。

祖古．烏金除了擁有做為傳承持有者的高度境界和做為老師的非凡本領之外，他也嫻熟所有的藝術與工藝。他擅長書法、繪畫、雕塑和製作食子，在許多人類探索領域方面，他擁有廣博的知識。他對歷史具有非凡的領會，包括西藏與中國、蒙古的關係，康區（Kham）❹、囊謙（Nangchen）❺和德格（Derge）❻的歷史，以及偉大傳承持有者的傳記。

祖古．烏金對我的孩子和我非常仁慈。三十多年以前，他和我一起長途旅行，在後來的年歲裡，我從他那裡領受幾個非常重要的教法，其中包括《大圓滿十七密續》（藏 *Gyü Chubdün*；*Seventeen Dzogchen Tantras*）的口耳傳承，以及秋吉．德千．林巴的教法。遇見祖古．烏金這位偉大的喇嘛，跟隨他學習，享受他的風采，領受他慈悲的引導，實在是一種極大的加持。他充滿慈愛的姿態和不可思議的心，為我們所有人帶來無限的喜悅。雖然其他人與祖古．烏金的關係更加親密，但是我可以說，每個遇見他的人，都可以立即感受到他獨一無二的柔和本質。

祖古．烏金對於他的學識和成就一向保持淡然的態度，不像一些博學多聞的大師一開尊口就要說教，他說話時總是如此仁慈而敏感，因此沒有人會猶豫地不對他提出問題。他用自己的學識去碰觸每個與他相見的人的心，使他們之間的談話成為一件樂事。祖古．烏金具有一種天賦，可以讓每個人都覺得自己最受他這位喇嘛的青睞——他把慈悲之美展現得如此精彩。對此，他的學生們用深刻的虔敬心和想要學習更多的渴望來回應，這些學生們認真學習，常常尋求進行長期閉關的機會。

在這些末法時期，當西藏陷入巨大的動亂和困境時，祖古．烏金起身面對挑戰。他旅行至一個嶄新的國度，為佛法奠定基礎，廣為傳播大圓滿和秋林傳承的特殊寶藏。他為僧伽帶來巨大的利益，建立道場，推廣教法，傳授他的知識。在今日的加德滿都谷

❸斯瓦揚布寺（Swayambhu Temple）是加德滿都山谷三座主要佛塔之一。

❹康區（Kham）是指西藏東部地區。一般而言，當地民眾稱東部為「Kham」，而稱西部與中部為「Bö」（古稱「吐蕃」）。Bö向來譯為「西藏」，以指稱這兩個地區。

❺囊謙（Nangchen）位於青海省最南端，與西藏自治區的昌都毗鄰。昔日囊謙是東藏（康區）的古王國之一。

❻德格（Derge）意指「美德與快樂」，此地是康區昔日的古王國之一。幾世紀以來，德格國王創造了傳佈佛陀教法最有利的條件，譬如，雕刻木刻印版來印製佛學作品，包括好幾百部佛陀所傳法教的翻譯《甘珠爾》（*Kangyur*），以及論典的翻譯《丹珠爾》（*Tengyur*）。

地，就有三十多座不同的寺院，而我個人認為，這項事業大多可以歸功於納吉寺所散放出來的光芒。納吉寺是祖古．烏金所在之地，也是秋林教法和蓮師加持匯聚之地。事實上，任何一個喇嘛能夠成就的事業，祖古．烏金都已經圓滿實現。

我曾經有幸得以停留在納吉寺，在那次停留期間，我在一個淨相中看見，透過蓮師的加持，有朝一日，佛法將能夠從這個小小的加德滿都谷地傳布出去，再度發揚光大。此時，我們摯愛的老師已經離去，我祈願他持久不衰的影響力，將有助於這個淨相圓滿實現。

塔湯（Tarthang）祖古撰

【導言四】

非凡的覺受與證量

祖古・烏金仁波切是一個有著非凡覺受與證量的人物，這個事實舉世皆知，這一點我根本不需要加以說明。當我們談到直指心性，並確定人們認識心性，且產生一些真實的覺受時，祖古・烏金是與眾不同的，這一點對每個人而言，都再明顯不過。就此而言，他是非凡的，如果我沒有對此多所說明，我覺得是可以的。祖古・烏金出身獨特的秋吉・林巴家族，此外，他是這一世的祖古秋吉・林巴的父親，這也是相當不可思議的一件事情。

問：當一個喇嘛住於「圖當」（tukdam）時，這是什麼意思？

答：當一個人在今生平等地安住在三摩地（samadhi）❶的明光覺醒時，「圖當」就出現了。他在死後住於「圖當」狀態的程度，相等於他在三摩地中的覺受。由於三摩地的力

❶三摩地（samadhi）又稱為「三昧」，意為「等持」，只要心不散亂，專注於所緣境，皆可稱為「三摩地」。

量，他的體熱不會消失，膚色也不會消退，身體能夠保持直挺的坐姿。這種在死後所顯現的徵兆，表示此人處於「圖當」狀態之中。

當修行者死亡之後，出現一種我們稱之為「母子明光相融」（mingling of the mother and child luminosities）的覺受，這表示「母明光」和修行者修行的「道明光」無二無別地相契合。

在那個時刻，明光覺醒的覺受非常強烈。修行者自然而然地安住在這種覺受的寂靜之中，這表示證量高深的喇嘛或有著深刻覺受和了證的人，將自然而然地融入或擴展進入三摩地的狀態之中。當母明光自行出現時，他們認識它，然後住於平等捨之中，此即所謂的「安住於圖當」（remaining in tukdam）。

一般人也會體驗到母明光，但是因為在今生沒有修學，因此沒有認識到它。由於沒有認知母明光，因此他們無法住於「圖當」之中。另一方面，偉大的大師自然而然地融合母明光和子明光，當母明光在他們的直接覺受中開展的剎那，他們認識到這個本初的狀態，然後安住於三摩地之中，這就是所謂的「安住於圖當」。

問：「天空無雲影，地上無塵跡」這樣的徵兆代表了什麼意義？

答：祖古・烏金仁波切是一個隱密低調的人，這表示他不會大張旗鼓地炫耀自己，他隱藏自己的品質，隱藏他真正的為人。他常常說：「我沒有什麼特別，我沒有什麼見識。」由於他保持如此的低調，因此這可能意味著，當他圓寂之時，由於他不可思議的三摩地的力量之故，「天空無雲影，地上無塵跡」的徵兆會自然而然地顯現，他可能會隱藏諸如彩虹、光芒等等其他的徵兆。

問：第十六世噶瑪巴和祖古・烏金仁波切之間有什麼樣的關係？

答：第十六世大寶法王噶瑪巴認為祖古・烏金的家族世系非常特殊，因此，從祖古・烏金仁波切那裡領受了許多秋吉・林巴伏藏的灌頂。此外，由於大寶法王信任祖古・烏金為修行與世俗事務的私人顧問，因此他們兩人非常親密。如我們所知的，噶瑪巴常常顯示他極為敬重祖古・烏金仁波切。

創古（Thrangu）仁波切講述

【導言五】

頂嚴上的寶石

要一個人真實地評斷另一個人是不可能的，因此我們永遠無法知道祖古・烏金是多麼偉大的一位大師。唯有如釋迦牟尼這樣的佛，才能完全了知另一個眾生。然而，在二十世紀，有幾位大師被公認為佛陀親現。除了第十六世大寶法王噶瑪巴讓炯・日佩・多傑、蓮師特使怙主敦珠仁波切之外，尚有怙主頂果・欽哲仁波切。在當代的噶舉派和寧瑪派之中，沒有一個人比他們三位更非凡出眾，而且能對佛法造成如此廣大無邊的影響，然而，這三位大師都視祖古・烏金仁波切為他們的根本上師。如果這三位大師都視祖古・烏金仁波切為他們的頂嚴，那麼我覺得我們也應該視他為一個特殊的人物。

祖古・烏金仁波切維護秋吉・林巴的教法和家族傳承，他延續這個傳承的灌頂、教導和口傳。他不只是透過修行來維繫這個傳承，也把它傳授給噶瑪巴、敦珠仁波切和其他無數的人，藉以確保這個傳承將會繼續下去。祖古・烏金代表這個佛法傳承所行的事業是一種無限的仁慈，我認為它是非常特殊的。祖古・烏金仁波切的家族傳承來自秋吉・林巴的女兒貢秋・巴炯，以及貢秋・巴炯的兒子——祖古・烏金的父親吉美・多傑。因此，他是偉大的掘藏師秋吉・林巴的直系後裔。

有一次，貢秋・巴炯徵詢蔣揚・欽哲和蔣貢・康楚的意見，她要出家為尼比較好，還是結婚比較好。兩位大師都回答：「妳應該找一個丈夫。在未來，有一個人將會透過妳的血統而出現在世間，利益眾生。這非常重要。」

貢秋・巴炯依言嫁給倉薩家族的兒子。這對夫婦育有眾多子女，其中包括祖古・烏金的叔叔——偉大的大師桑天・嘉措（Samten Gyatso）。桑天・嘉措對巖藏（Tersar）教法的延續帶來巨大的利益，並且能夠實現偉大的行誼。這個傳承透過祖古・烏金仁波切的眾多子嗣而延續下去，他們至今仍然健在。雖然他們各有頭銜，身負維繫他們個別傳承的重責大任，但是我希望他們也將修持和傳授其父親的傳承，也就是秋吉・林巴的伏藏教法。

今天，許多人認為祖古・烏金仁波切只是一個大圓滿瑜伽士，只留在位於山間的納吉寺關房內，專注於一境地修行，因而推斷他是一個具有高深證量的好喇嘛。由於祖古・烏金對他的才華輕描淡寫，因此，除了這些單純的事實之外，不是有很多人知道他功德的細節。但是，當我反思個人對他的了解之後，我覺得他也是一位偉大的學者。

祖古・烏金不是以博學多聞而知名，但是如果我們從閱讀技巧開始仔細探究，便會發現他是一個學者，能夠閱讀許多種不同的書寫體，其中甚至包括罕見的蘭札體（lantsa）❶和城體（wardu）❷。他也精通文法、詩歌和一般的科學（五明）❸，因此，我們很難找到他有什麼是不知道的。就佛教的內在知識而言，他遇見許多極具涵養而博學多聞的大師，尤其精通《新巖藏法》（*Ngakso*）、《智慧心髓次第道》（*Lamrim*

Yeshe Nyingpo）④和《幻變祕密藏續》（*Guhyagarbha Tantra*，*Secret Essence of the Magical Net*，或稱《密藏密續》、《祕密藏續》）。他是一位偉大的書法家，對許多書寫體有極為豐富的知識，而在今日，這些書寫體可以說已經被人們遺忘了。他不只是精通蘭札體和城體，也嫻熟烏千體（uchen，即「有頭體」）和烏沒體（umey，即「無頭體」）❺。如果把所有這些都列入考量，我個人認為祖古・烏金非常博學多聞。

祖古・烏金仁波切也是一個技藝嫻熟的工匠，因為他不像專業的雕塑家通常只是重複自己的作品，他能夠製作原創的塑像，他的本尊雕像常常具有更精細的比例。在這些雕像之中，有一些可以在卡寧謝珠林寺（Ka-Nying Shedrub Ling）供奉護法的佛堂中看到。在寧瑪護法殿護法的佛堂上，有一張超凡的瑪哈嘎拉（Mahakala）面具，而在噶舉寺，則有一張大黑袍（Bernakchen）的面具。當我觀看這些面具時，我覺得尋常的藝術家無法製造出這樣的作品。如果有任何人想要知道祖古・烏金是怎麼樣的一個裁縫專家，我會很樂意地給他（她）看看祖古・烏金為秋林祖古製作的頂冠。祖古・烏金憑著記憶重新製作秋吉・林巴的頂冠，這種技藝非同小可。

我想要提及一件奇怪的事情。證量的措辭總是無法非常清楚地表達，我常常注意到，在頂果・欽哲仁波切開示期間，或在他書寫時，他所說的每一件事情都具有說服力，而且流暢無阻，但是在其他時候，言語卻似乎受到阻礙。祖古・烏金也是如此，有時他非常難以從事閱讀，他的視力惡化到需要動眼部手術的程度。

在進行世俗的討論時，祖古・烏金仁波切非常善巧。即使人們集思廣益，他們常常仍然無法做出決定，但是祖古．烏金仁波切總是能夠做出修行慣例與社會習俗和諧一致的決定。他似乎總是知道什麼是最佳的作法，並且毫不猶豫地給予建議。人們常常發現，祖古．烏金的解決方案是他們連想都沒有想過的，並且在聽到他的建議之後，他們總是覺得：「理當如此！」祖古．烏金的決定讓他們的心感到輕安自在，並且充滿信心地覺得這是最佳的解決方案。這是祖古．烏金聰明才智顯現力量的另一個範例。

有句著名的噶舉諺語說道：「虔敬心是禪修之首。」虔敬心奠基在一個人的上師之上，因此，相信上師即是活佛，並且對他懷有虔敬心，是一個最明顯而著名的法門。確確實實地實現上師的願望，盡可能地服侍他，是應用口耳教導的適當方式。就此而言，祖古．烏金對其他大師的信任、忠誠和三昧耶是不變的，他把自己的老師視為佛陀親現。有一次，他透過領受灌頂或口耳教導而和一個老師結緣，他的信任是堅定不移的。

❶蘭札文（lantsa）是在十一世紀從婆羅米文（brāhmī，此是印度最古老的字母）衍生出來的元音附標書寫系統。它主要用於書寫尼瓦爾語（Newari，尼泊爾中部加德滿都谷地尼瓦爾人所操持的語言），也用於藏傳佛教書寫梵語。

❷城體：梵字的名稱，是根據該字體的梵文名稱「城市」而來。西元八至十一世紀流行於北印度，其字形介於悉曇體和蘭札體之間。城體梵字是流行於中國的五種梵字中的一種，約於五代到元代初期之間。

❸「五明」是指班智達（大學者）必須學習的五種學問：（一）工巧明；（二）醫方明；（三）聲明；（四）因明；（五）內明。

④《新巖藏竹千》（*Ngakso Drubchen*）被出版為《甘露汪洋》（*Ocean of Amrita*）。關於《智慧心髓次第道》（*Lamrim Yeshe Nyingpo*）的教法，則被包含在壤炯．耶喜出版社（Rangjung Yeshe Publications）的《智慧之光》（*Light of Wisdom*）系列之中。

❺烏千體（uchen，有頭體）和烏沒體（umey，無頭體）是藏文的一類字體。烏千體，是印刷書籍常用的字體。烏沒體多用於書寫。

如果他有機會去實現上師的願望，他會心甘情願、毫不吝惜地放棄所擁有的財富，絲毫不考慮個人所面對的艱困。如果這個機會真的降臨，我覺得他甚至準備犧牲自己的性命來成就上師的願望，而沒有任何的猶豫、躊躇或悔恨。有一次，祖古．烏金代表大寶法王擔負起一件法律糾紛的責任，而這件法律糾紛延宕多年，彷彿拖延了半輩子。雖然最後仁波切贏了，但是這只嘉惠了他的上師，對他自己卻沒有任何好處。

祖古．烏金仁波切是一個能夠用行動來支持自己言語的人。在修行和世俗的事務之中，他不只會用嘴巴談什麼必須完成，也會身體力行。他不會對手邊的任務產生大量的疑慮和猶豫，或擔心任務是否會成功，也不會陷入概念之網。相反地，他會做出無疑慮的決定，並且堅定不移，他就是這樣的人。

當我們談到佛教經典時，例如「中觀」、「般若波羅蜜多」等「論釋傳承」（exposition lineage），會把焦點放在解釋語法和含意之上。但是，博學多聞不只是通曉字句及字句的含意，也包含了真正意義的傳達。祖古．烏金是通曉字句真實意義的班智達（pandita，即「大學者」）。

有一次，我去見祖古．烏金仁波切，請他釐清寂天（Shantideva）大師的《入菩薩行論》（梵*Bodhicharya Avatara*；*The way of a Bodhisattva*）❻第九品中的一首偈頌：

若實無實法，悉不住心前，
彼時無餘相，無緣最寂滅。

我已經研究這首偈頌許多次，也詢問了許多堪布的想法，但是我仍然覺得沒有一個人提出充分而適當的解釋。我也曾經詢問祖古．烏金關於建立空性見地的「般若波羅蜜多」教法特定的幾個重點，例如「空中無色、無聲……」的陳述。唯有祖古．烏金能夠以合理的方式，證明這些陳述的真實性。對我而言，祖古．烏金的邏輯實實在在地確立了空性，而其他的學者們只不過是用言語確立空性。

某一次，內天．秋林（Neten Chokling）的轉世——祖古．貝瑪．旺嘉（Tulku Pema Wangyal）和我們幾個人一起上行至納吉寺，花幾天的時間詢問問題。在那段期間，祖古．烏金清楚地提出確立空性的邏輯，每個人都為他的明晰感到驚奇。解釋一切眾生如何都具有佛性，也證明了佛性是一種本具的品質。更高層次的中觀學派的「他空派」（Shentong）尤其強調這一點，你會在許多偉大喇嘛的傳記中發現，他們對著老狗做大禮拜，甚至對著老狗繞行，以顯示對佛性的敬重，同時說：「我皈依佛性。」

根據他個人且直接的了解，祖古．烏金對「每個有情眾生都具有佛性」這件事情具有信心，並且懷抱徹底而清淨的信賴。正如同每一粒芝麻都含有油脂一般，任何一個有情眾生都能夠證得覺醒的狀態，所以具有證悟的基礎。因此之故，祖古．烏金尊敬每個有情眾生，並且從不背棄。他覺得這不是陳腔濫調，而是出自肺腑。

❻《入菩薩行論》（*Bodhicharya Avatara*）是寂天（Shantideva）於八世紀所著，內容旨在啟發修行者發菩提心、行大願力，突破人、法二執，安住光明的空性之中。

祖古・烏金也對《寶性論》（*Uttaratantra*）、《喜金剛密續》（*Hevajra Tantra*）和《甚深內意》（*Profound Inner Meaning*）的意義有廣大的內觀，而這三者是噶舉傳承喜愛的典籍。在寧瑪派之中，他極為精通《智慧心髓道次第》的本續和蔣貢・康楚針對此書所作的釋論。他記住大部分本續的內容，並且一再地研究由仁千・南賈（Rinchen Namgyal）和堪布・久雅（Khenpo Jokyab）所作的釋論。他對金剛乘也有廣博的見識，對《幻變祕密藏續》有所研究。在一次和頂果・欽哲仁波切所進行的討論之中，我了解到，祖古・烏金仁波切顯然對《幻變祕密藏續》有徹底的領會。

在卡寧謝珠林寺第一次舉辦的「新巖藏竹千」（Ngakso drubchen）法會期間，我有機會詢問祖古・烏金關於咒語十重意義的問題。他給予我非常清晰的解釋，讓我體會到他對《幻變祕密藏續》的博學精通。他對許多其他密續也有深刻的認識，他在解釋「身」（kaya）與智慧、種子字輪（charkas of syllable clouds），以及咒語的聲音與意義時，尤其具有深刻的見解。簡而言之，他配得上「了義班智達」（pandita of definitive meaning）的頭銜。

就密續法會而言，祖古・烏金仁波切對製作大型活動的壇城極有能力，他通曉壇城的比例，以及伴隨的神聖舞蹈和驅邪儀軌。他製作食子的技藝嫻熟，也是一個誦經大師（umdzey）。他對建築以及所有其他與藏傳佛教修行有關的必要領域的知識，都有驚人的領悟。當一些誦經大師只是在法會上從頭到尾地吟唱時，祖古・烏金的吟唱帶有一種特定的加持，能夠感動聽者，使其生起虔敬心。當祖古・烏金仁波切給予灌頂時，即使儀軌可能只包含了把寶瓶放在受灌者頭上的動作，人們仍然會感受到其中的特殊之處。即使是注視人們的方式，祖古・烏金都會讓他人了解到，他完全不是一個尋常的人。

當他坐在錦緞蒲團製成的法座上，給予數千人灌頂時，他從來不會看起來格格不入。他的神態舉止莊嚴而令人肅然起敬，從不會看起來造作而不自然，他肯定是一個非凡出眾的人物。

祖古・烏金仁波切總是會用他的頭，碰觸任何一個來到他面前的人的頭部，甚至連最貧窮的尼泊爾工人也是如此。仁波切會問：「你好嗎？」然後你會看見那個人臉上所洋溢的快樂，遠勝於收到數千元盧比（repee，尼泊爾的貨幣單位）的喜悅。如果只是因為仁波切的噓寒問暖和碰觸前額，人們應該沒有理由變得如此快樂，但是人們就是那麼地欣喜。許多外籍人士僅僅因為一次的會面，就對人生徹底改觀，並且感受到不可思議的加持。修行者感受到他們領受了仁波切的加持，甚至連尋常人都感覺到不尋常的事情發生了。每個來到祖古・烏金仁波切面前的人，從來不會感到疲倦，即使是在數個小時之後，也不會疲累。這完全不像在一些政客面前，你迫不及待地想要離開。就我個人而言，我和祖古・烏金仁波切在一起時，從未感到厭倦，我只感受到快樂。

在他所有的談話之中，從未有任何偏見。不論你們是談論宗教或世俗的事務，祖古・烏金所說的話總是誠實而清晰，從來不會矯飾做作或說謊。他也擁有敏銳的記憶，談到過往發生的事件時，彷如昨日。沒有人想要離開他，人們總是想要在他面前坐久一點——他們根本就不想走。我曾經聽說他責罵一些人，但是我從未遇見過確實受到祖古．烏金責罵的人，我從未聽他說過嚴厲的話。同時，住在他身邊或認識他很長一段時間的人，面對他都會感到膽怯和敬畏。

他極具威儀。舉例來說，如果你才剛剛離開就必須返回他的房間，他仍然會待以相同的敬重，而你也仍然會感到敬畏。你不會覺得自己可以在他面前胡說八道，你必須誠心誠意地選擇自己的用語。

如果有一個人已經完全斬斷自私的束縛，只追求其他人的福祉，那麼我們可能不一定會看到他所具備的品質。但是，我們很難找到一個比祖古．烏金更不自私的人。當我們把焦點放在利益他人時，我們自己的目標就會在毫不刻意嘗試的情況下，自然而然地圓滿實現。興建一座寺院是一件非常艱難的工作，有時看似無法克服，但是，大多數人都沒有察覺到，祖古．烏金仁波切已經建造了多少座寺院。沒有一個人確實知道他閉關了多少年，他從事了哪些修行，也不知道他完成了多少次的持咒。人們可以模稜兩可地說，祖古．烏金曾經在西藏閉關一次或兩次，曾經在印度閉關一次，除此之外，沒有人知道。我想他大約用半生的時間，在閉關中從事密集的修行。

至於祖古．烏金領受了哪些灌頂、口傳和教法，並沒有確切的記錄。但是他可能領受了大多數的寧瑪派教傳和巖傳、所有噶舉派的教法、薩迦派的道果（Lamdrey）❼教授，以及許多其他的傳承。每一次你提及特定的教法，詢問祖古．烏金仁波切關於這個教法的種種時，彷彿他持有這個教法的口傳，他領受了如汪洋般的大量教法。祖古．烏金獨一無二的心要修行（heart practice）是《傑尊心髓》（*Chetsün Nyingtig*）❽和《普賢心髓》（*Küinzang Tuktig*）❾，兩者都屬於大圓滿的修行法門。每個人都無異議地公認他是一位偉大的大圓滿瑜伽士。

我實在沒有資格談論祖古·烏金仁波切的偉大成就，但是於一九八五年，在與頂果·欽哲仁波切進行一場討論之後，頂果法王告訴我，祖古·烏金仁波切已經達到「淨覺圓滿」（culmination of awareness）的境界。當一個人已經達到「淨覺圓滿」時，除了「法性遍盡」之外，他沒有什麼需要去了悟的了，因此，祖古·烏金已經達到大圓滿最後的了悟。簡單說來，我們肯定可以把祖古·烏金仁波切視為一位既博學多聞又具有成就的大師。

從個人的觀點來看，我可以說自己尚未遇見任何一個比祖古·烏金更優越的人。事實上，沒有一個人比祖古·烏金更能夠實踐寂天大師《入菩薩行論》的含意，他完全不顧個人的艱困，總是竭盡所能地去利益眾生。他也非常謙遜和自輕，完全符合寂天大師的完美菩薩典型。不論他人的地位重要或平庸，祖古·烏金都以相同的情感和注意力對

❼道果（Lamdrey）：薩迦傳承最重要的教義與禪修體系，源自九世紀印度密宗聖者毘瓦巴（Virupa）。「道果」大部分深奧的精神方法是出自《喜金剛本續》，其最主要的觀點是輪迴、涅槃無二無別。障礙生起時，心為輪迴的狀態，而解脫障礙時即是涅槃。

❽《傑尊心髓》（*Chetsün Nyingtig*）：近代大圓滿最重要的教示之一，是由蔣揚·欽哲·旺波（Jamyang Khyentse Wangpo）所發掘的伏藏。

❾《普賢心髓》（*Küinzang Tuktig*）：近代大圓滿最重要的教示之一，是由秋吉·林巴（Chokgyur Lingpa）所發掘的伏藏。

待每個人，平等地教導每個人。為了帶來最大的利益，祖古．烏金仁波切總是努力用聽者的措辭來進行溝通。你會發現，菩薩如汪洋般事業的完美典型，不只清楚地反映在祖古．烏金的教法之中，也反映在他所有的談話之中。儘管我從未看見祖古．烏金如一些菩薩故事所描述的，布施他的頭、手臂或腿，但是我肯定地認為，他是一個能夠做出這種布施行為的偉大菩薩。

就金剛乘而言，祖古．烏金已經圓滿了生起次第與圓滿次第的修持。我知道他至少從事四次的三年閉關，修持儀軌和持咒。後來，祖古．烏金留在納吉寺的關房從事所謂的「終生閉關」（life-retreat）。經典提及，在圓滿了生起次第與圓滿次第的修行法門之後，會達到所謂的「三聚」（threefold gathering）和「三照」（threefold blazing forth）的境界。我覺得祖古．烏金完全具備。

不論是在給予灌頂、教授或口傳，祖古．烏金總是全心全意，竭盡全力地利益領受灌頂、教授或口傳的人，尤其是在給予無上的大圓滿教法時。祖古．烏金不像許多上師在給予大圓滿教法時，只傳授其中的字句，而欠缺內容與要義。當祖古．烏金傳授「直指教導」（pointing-out instruction）時，他會原本而直接地指出真正的事物。

有一次在台灣，我親眼目睹祖古．烏金對著一千多個會眾傳授直指教導。儘管人數如此眾多，他仍然毫不掩飾而直接地傳授真正的內容，毫不保留。這個例子說明了所謂的「慈悲能力的展現」（expression of compassionate capacity），因為他出於了證的力量而能夠任運自在地進入任何狀況。他說：「口耳教導如同一根蠟燭，你只有在握著蠟燭時，可以看得見東西；當你放下蠟燭後，就不再有光。既然你們所有人都費心費力地來到這裡，想要聽我說話，我覺得我無法拒絕傳授你們直指教導。」然後，祖古．烏金給予面對自性的教導，而他傳授教導的方式，甚至連偉大的欽哲、康楚或龍欽巴都無可比擬。然而，後來我只遇見幾個真正認清自性的與會人士。

相較於其他的大師，祖古．烏金仁波切傳授大圓滿「基」（ground）、「道」（path）、「果」（fruition）的綱要的方式，並無特出之處，但是如果你問他一個字眼，不論那個字眼的言外之意有多麼精微深奧，他的回答也同樣精微深奧。宗薩．欽哲（Dzongsar Khyentse）仁波切和我都覺得，相較於用許多歲月來研讀書籍和修觀（analytical meditation，分析式禪修），花幾個小時詢問祖古．烏金問題，聆聽他的回答，這樣會更具利益。我多次前往納吉寺會見祖古．烏金仁波切，領受了各種灌頂，但是我覺得，真正的教法卻在一般的談話中顯露。

這年頭，你會發現人們說：「我知道那些教法，但是我不喜歡在大型聚會中修持儀軌，我不想做所有的念誦。」老實說，曾經有人這麼對我說，這證實了他們欠缺證量。真正了解教法的人，尤其是了解金剛乘教法的人，將會知道這些教法是在共修儀軌中實行，在生起次第、圓滿次第和念誦中修學。這是金剛乘的方法，如果某個人光說不練，那麼他肯定沒有聽聞教法。

祖古．烏金通曉所有金剛乘的事業，並且從不輕視它們的實用性。他重視所有重要儀軌的舉行，其中包括竹千法會。在他的前半生，為了利益他人，他沒有一天不鉅細靡遺地學習這些儀軌，也從不輕視任何一個業行所帶來的後果。

在沒有刻意要求捐款的情況下，祖古．烏金能夠以一種毫不費力的方式募款，他也能夠建造所有自己想要建造的寺廟與僧院。然而，所有這些工程完全都是另外完成的，從來都不是祖古．烏金的主要目標或工作。

在他的後半生，祖古．烏金基本上放棄了所有具概念的活動，沒有明顯地把心力投入於興建寺院之上。然而，寺院仍然一座座地持續地建造起來，許多工作仍然繼續完成。他總是花用在白天進來的錢財，等到太陽西下後，他便一無所有。他手邊沒有一張計劃時間表，我也從未看見或聽說他寄出任何一封募款信函；在這年頭，寄送募款信函這種事情是司空見慣的。即便如此，祖古．烏金似乎能夠比任何其他當代的喇嘛建造更多的寺院，不論這些喇嘛投入多少心力。因此，對祖古．烏金能夠毫無困難地完成他的目標這件事情，我充滿信心。

我可以肯定地認為，祖古．烏金的心之狀態與普賢如來（Samantabhadra）❿沒有絲毫的差異。對於那些把祖古．烏金視為金剛持（Vajradhara）⓫、圓滿的根本上師及其祈願所依止的人而言，祖古．烏金肯定是不可思議的。

當祖古．烏金仍然健在時，他擁有眾多弟子，其中一些弟子是特殊的人物。在他的兒子之中，確吉．尼瑪（Chokyi Nyima）仁波切尤其是一位才華洋溢的作家。因此，我們肯定應該用藏文和英文撰寫一本祖古．烏金的傳記，從他出生和幼年時，被第十五世噶瑪巴卡恰．多傑（Khakyab Dorje）命名為「噶瑪．烏金．策旺．秋竹」（Karma

Urgyen Tsewang Chokdrub），並且認證為拉恰寺（Lachab Gompa）轉世祖古開始，一直到他圓寂為止。我覺得，在撰寫這本傳記時，不應該有任何增減。我們無法撰寫他內在的生平故事，因為他從未談論領受到的淨相或授記，所以沒有像那種不可思議的事情可以寫入傳記之中。我們可以寫入傳記的是他的所作所為，不帶任何的扭曲。一些人可能會認為，不帶任何不可思議事件的生平故事是不重要的，但是請別這麼認為。即使連佛陀都以凡夫之身顯現，並且被其他人視為一個「人」。因此，對大多數人而言，一本簡單坦率的傳記是具有利益的。我再一次地認為，我們應該撰寫祖古．烏金的故事，沒有任何的誇張，也不輕描淡寫。

與其有數本相互衝突牴觸、關於祖古．烏金生平事蹟的記述，我寧願看到一本直截了當、被每個人接受的傳記。這包含了平衡執中、以平凡簡單的字句來撰寫，我希望在這本書中，能盡可能地看到許多照片。原文首先應該以藏文撰寫，然後翻譯成為外文。直到今天，仍然有一些曾經與祖古．烏金仁波切結緣的人，我們應該趁這些年事已高的人尚健在時去訪問他們。如果我們完成這本傳記，將可以留給未來的人閱讀。我覺得這樣的一個工程將會成功，因此，讓我們努力完成這個工程。

總而言之，祖古．烏金是一位不可思議的大師，既博學多聞又有成就。對於這一

❿ 普賢如來（Samantabhadra）：在這個世界形成之前的許多劫，就已覺醒而證得菩提的本初佛，是大圓滿教法的祖師。

⓫ 金剛持（梵Vajradhara；藏Dorje Chang）即原始佛，代表證悟圓滿覺性之究竟本質，是無形的法身。

點，我總是充滿信心，但是在此之前，我從未有機會一一地說明他的德行。為什麼我以前沒有談論他的德行呢？因為我們活在一個惡劣的時代，每個人似乎都在讚揚自己的學派或傳承。即使在寧瑪派一〇八位主要掘藏師之間，也不應該有任何聲望的差異，因為所有的伏藏都源自蓮師。但是當我聽到人們宣稱「我們的伏藏勝過他們的伏藏」時，我怎麼能夠開始談論秋吉・林巴伏藏的偉大之處，或談論秋吉・林巴的神通和偉大的行誼？即使這一切都是千真萬確、合宜得體，但是我仍然不想去談論它。

因此，像我這樣的人沒有任何理由去讚揚祖古・烏金仁波切的德行，更確切地說，當太陽在天空閃耀時，沒有人可以否認太陽明燦的光芒，但是現在，太陽彷彿沉入西山。由於當代偉大的大師們——無與倫比仁慈的噶瑪巴、怙主敦珠仁波切和頂果・欽哲仁波切，都尊崇祖古・烏金為他們的根本上師及其頂嚴，因此，我肯定並沒有必要證明其真實性。教法應該總是在有所請求時傳授，因此出於人們特定的請求，我已經說了個人所知、所親眼見證的事物。

烏金・托賈（Orgyen Tobgyal）仁波切講述

第一章

傳承

我們的心性不可思議地殊勝，
它是我們此時此刻所擁有的本然傳承。
領受如何認識心性的教法，並且如實地應用教法，
即所謂的「佛陀被放在你自己的手掌中。」

我們思考、記憶、規劃，於是注意力轉移到一個對象或目標之上，並且堅持固守。這種內心的活動，被稱為「思考」或「充滿概念的心」。在藏語裡，我們有許多不同的措辭來形容這種心的基本狀態的運作，以及外向意識（extroverted consciousness）無法覺知其自性的功能。這種無明的心執著於對境，於對境形成概念，並且專注於心所造作的概念，然後陷入其中。這是輪迴的本質，從無始以來的生生世世到當下的剎那，一直都是如此。

所有這些牽扯都僅僅是虛偽的造作，它們不是本然的狀態，它們都奠基在主體與客體、覺知者與被覺知者的概念之上。這種二元分立的結構和煩惱，以及透過煩惱所產生的業，都是驅使我們從一個輪迴經驗到另一個輪迴經驗的力量。儘管如此，基本的本質卻一直存在，而這種基本的本質不是由任何事物所構成。它完全是非造作的、空虛的，在此同時，它是有所覺察的，具有能夠認識的品質。這種空虛（empty）和覺察（cognizant）的無別雙運，便是我們從未喪失的原始基地。

心的祕密關鍵

我們所欠缺的是，認識空性和覺察的無別雙運是我們的本然狀態。我們之所以欠缺這種認識，是因為心總是在他處搜尋。我們沒有認識到自己實際展現的覺察；相反地，總是忙於在他處、自身之外尋找，持續不斷地進行這個過程。寂天大師說：「除非你知道祕密的關鍵，否則不論你做什麼，都會錯失標靶。」心的祕密關鍵在於，它的本質是一種自生的、本初的覺醒。為了辨識這個關鍵重點，我們需要領受「直指教導」，告訴我們和顯示給我們：「你的心的本質，即是佛陀的心本身。」此時此刻，我們如同迷失在加德滿都市區阿山街（Asan Tol）❶的笨蛋，四處奔跑號哭：「我迷失了自我！我在哪裡？」而「直指教導」就如同我們告訴他：「你是你！」從無始的輪迴以來，眾生從未找到自我，直到某個人說：「你就在這裡。」這是引介心之祕密關鍵的一個隱喻。

如果不是因為佛陀的教法，一切眾生將會完完全全地迷失，因為他們需要被指向那本初的基地，而這個基地一直都存在，但眾生卻從未認識到它的存在，這就是「直指教導」的目的，正確地說，「直指教導」是指「讓你面對自己心性的教導」。人們給予這種教導偉大而響亮的名稱，例如「大手印」（Mahamudra）、「大中觀」（Great Middle Way）或「大圓滿」（Great Perfection）。所有這些教法都指向相同的本初自性，這些

❶加德滿都舊城中心，是加德滿都最大且最重要的市集。

教法完全相反於充滿概念、持有主體與客體的思惟——尚未覺察其自性、二元分立的心所（frame of mind）。

我們不必這麼說，我們能夠了知自性，能夠應用大手印、大中觀和大圓滿的口訣指引來了悟自性。因為即使自性是本然覺醒的，我們卻完全沒有注意到這個事實。因此，我們需要再度覺醒。首先，我們需要認識這種自性；第二，培養這種認識；最後，讓這種認識穩定下來。一旦我們重新覺醒，便不再需要流轉於輪迴之中。

內在不可思議之佛

佛性是一種本體（identity），在這個本體之中，一切諸佛的身、語、意、功德和事業是完整無缺的。一切眾生之身、語、意的展現，源自一切諸佛之身、語、意的展現。事實上，任何一個眾生的身、語、意和覺醒者的身、語、意，都擁有相同的起源。身、語、意無法來自土地、石頭或物質。「不變」（unchanging）的功德稱為「金剛身」，「不息」（unceasing）的功德稱為「金剛語」，「無妄」（undeluded）的功德稱為「金剛意」。金剛身、金剛語和金剛意三者無別之結合，即所謂的「佛性」。

由於沒有認識到在自身覺受之中這種佛性的「不變」功德，於是我們進入了血肉之軀的軀殼之中。我們的語言被包裹在呼吸的活動之中，成為聲音和字句，它出現、消失，意識開始區分覺知者和被覺知者。換句話說，意識開始固著於二元分立，即每一個剎那生起和寂滅之停止、開始的過程。念頭一個接著一個地不斷湧出，如同一條永無止境的細繩。這條永無止境的念頭之繩從無始以來就已經不斷地延續，這是心的常態。如果沒有在今生認識自性，我們就無法佔領不變的、自生覺醒的座位。相反地，我們會追逐一個接著一個漸漸止滅的念頭，如同追逐細繩上的每一個新的串珠，這是使輪迴變得永無止境的方式。當我們受到念頭的掌控，牽扯纏繞於其中時，我們真的無可奈何。

誰能為我們終止輪迴？除了我們自己之外，沒有人可以終止輪迴。即使六道輪迴的一切眾生排成一排，然後你哭喊：「拜託，幫幫我，這樣我才能停止念頭對自己的控制！」即便如此，仍然沒有一個眾生能夠幫得上忙。我們日日夜夜、生生世世地受到這種牽扯纏繞的念頭所控制，是多麼地悲哀啊！我們可以嘗試引爆一顆核彈來終止輪迴，但是這種作法仍然幫不上忙。核彈可以摧毀城市，甚至摧毀國家，但是它們無法阻止心去思考。除非能夠離於充滿概念的思惟，否則我們絕對無法終止輪迴，並且真正地覺醒而證悟。

當充滿概念的思惟止息、沉寂下來時，即是大寂靜（great peace）的時刻，我們有方法可以讓這種大寂靜發生。事實上，念頭是佛性的一種表現，它們是我們本然面貌的表現。如果我們真正地認識佛性，那麼在認識佛性的同一個剎那，所有的念頭都會自行消失，了無痕跡，這就是終止輪迴的方法。有一個無上的法門可以做到這一點，一旦知道了那個法門，就沒有任何更殊勝的法門是我們需要知道的了。這個法門已經掌握在我們自己手中，它不是需要從他人那裡取得的事物，也不是需要去購買、賄賂或搜尋而最終獲得的事物，這樣的努力完全沒有必要。一旦認識自己的本然面貌，你就已經超越了六道輪迴。

這個法門是什麼？這是當一個人請求大師給予如何認識心性和培養心性的教導時，所要求的事物。我們的心性不可思議地殊勝，它是我們此時此刻所擁有的本然傳承。領受如何認識心性的教法，並且如實地應用教法，即所謂的「佛陀被放在你自己的手掌中。」（the Buddha being placed in the palm of your own hand）這個類比意味著，在被引導和認識心性的那一刻，你不需要在他處尋找覺醒的狀態，把這整個世界的所有金錢和財富堆成一堆，然後放到一邊，另外一邊則放著對佛性、對你自心本質的認識。什麼是最珍貴的？如果你要比較兩者，那麼我可以向你保證，認識心性——「內在不可思議之佛」，是比較珍貴的，比世界上所有的金錢財富珍貴十億倍。

相反地，如果繼續愚弄自己，那麼我們簡直是在做自己已經做了那麼長久的事情。我們已經在輪迴、六道之中經歷了多少困難和不幸？還想要再這樣繼續下去嗎？當行經十八層地獄和近邊地獄時，我們不會再經歷更多的痛苦嗎？佛陀教導我們，任何一個有情眾生在地獄飲下熾熱融化的金屬，多到可以充滿整個海洋還綽綽有餘，這是我們已經忍受的痛苦的例子。之所以如此，僅僅是因為我們是愚鈍的凡俗有情眾生，已把這一切忘得一乾二淨。如果沒有了悟這種本然的狀態，那麼我們在輪迴六道中就無法停止流轉。沒有人會阻止你流轉，而且它也肯定不會自己停止。

什麼具有真正的價值？我們需要為自己思考這個問題。當經商獲利時，我們欣喜歡慶；但如果有所損失，便會陷入絕望。讓我們來比較自己的資本和彷彿如意寶的佛性，如果不使用這個如意寶，我們將會面對永無止境的輪迴，而把這個如意寶丟棄，那不是愚蠢到極點，且令人頭痛嗎？我們需要思考這一點。我不是憑著記憶背誦這些話，它也不是謊言，這是一個真實而重要的重點。如果我們沒有佛性，那麼沒有人可以責怪我們，但是我們確實具有佛性，而佛性即是一切諸佛的三身。然而，如同蔣貢・康楚所說的：②

雖然我的心是佛，我卻不認識。
雖然我的念頭是法身，我卻沒有了悟。
雖然非造作是與生俱來的，我卻沒有維持。
雖然本然是本初的狀態，我卻不相信。
上師，憶念我！請速用慈悲看顧我！
加持我，如此本然明覺就會自行釋放。

②引自第一世蔣貢・康楚・羅卓・泰耶（Jamgön Kongtrül Lodrö Thaye）所寫之〈遙喚上師祈請文〉（Calling the Gura Afar, A Supplication to Pierce your Heart with Devoition），其有數個英譯版本：一個收錄在香巴拉（Shambhala）出版社出版之《沒有目標的旅程》（*Journey Without Goal*）；一個是由蜜雪兒・馬丁（Michelle Martin）和林古・祖古（Ringu Tulku）合譯；一個源自壤炯・耶喜（Rangjung Yeshe）出版社，其中多加了向傳承上師祈請的偈頌。

基礎只有一個

我們需要去了解自己的心究竟是什麼。如我常常說的，在這個世界上，心是最重要的事物，因為有一個簡單的理由——心了解和體驗事物。除了心之外，沒有其他什麼可以覺知任何事物。地、水、火、風、空五種外在元素，它們可以感覺任何東西嗎？事實上，除了心能有所體驗之外，並無其他。

整個宇宙是由五大元素所構成，但是五大元素本身是沒有感覺的，它們一無所知。同樣地，眾生的肉身是由五小元素所構成。就它們的屬性而言，骨骼和肌肉與地元素相同，血液和其他液體與水元素相同，身體的體溫和火元素相同，呼吸是風元素，而我們身體內的空間，不同的孔穴和空洞等等，基本上和空元素相同。這五種元素不會體驗，不會覺知任何事物。除非有心在身體裡，否則身體本身不會有任何感覺。

在結構上，外在的五大元素和內在的五小元素也是類似的。我們的身體及其肌肉和骨骼，可以相較於這個大地的表面及其土壤與岩石。在山坡上生長的綠色植物和灌木，可以比作我們的毛細孔與細小的毛髮。外在有森林，我們則有頭髮生長在頭上。每當挖掘地面時，我們通常會在某個地點發現水源。同樣地，如果我們在自己的身體上穿洞，一些體液將會開始湧出。我們身體的體溫，和在體外任何其他地方所發現的熱有相同的屬性。穿過我們肺臟的風息，和外在的風或空氣相同。體內的空間和空虛的空間相同。內在元素與外在元素之間極為類似，就某種意義而言，內在元素與外在元素是一模一樣的，而且內在元素和外在元素本身不會有所覺知。

我們也具有五種感官（五根），即五種感官之門——眼、耳、鼻、舌和透過碰觸來覺知質地的皮膚❸。然而，這五種感官本身不會體驗任何事物，如果沒有心或意識和這五種感官連結，這五種感官本身不會有所體驗。一具屍體具有眼睛、耳朵、鼻子、舌頭和皮膚，但是如果你給那具屍體看一個東西，即使眼睛是睜開的，屍體不會看見任何事物，不會聽到任何聲響，也沒有能力去嗅聞或品嚐，如果你觸壓它，它更不會感到任何碰觸。

接著，有五種感官的對境（五塵），即我們透過眼睛所看到的色相，透過耳朵所聽到的聲音，透過舌頭所品嚐到的不同味道、透過鼻子所聞到的香氣，以及透過身體所感覺到的質地。這五種感官的對境也不具有認知，它們完全無法體驗到任何事物，除非有心去覺知，否則它們本身不會有所覺知。一個有情眾生基本上是由心所構成，除了這個心之外，這個世界上的其他事物完全無法有所體驗。沒有心，這個世界會是徹底空虛的：沒有已知的事物，沒有已經體驗的事物。當然，物質會存在，但是物質不知道任何事物，它完全了無意識。

在這個世界上，除了一件事物之外，沒有什麼比心更重要，那件事物就是這個心的本質——佛性或善逝藏（sugatagarbha）。一切眾生都具有佛性，無一例外，它存在於每

❸即五根中的「身」。

個人之中，從法身佛普賢如來下至最微小的昆蟲，甚至連只能從顯微鏡看到最小的存在實體，都具有佛性。在所有這些有情眾生之中，佛性都是相同的，沒有尺寸或品質的差異，完全沒有差異。不是普賢如來具有一個大的佛性，小昆蟲具有小的佛性；或佛陀具有一個優越的佛性，一隻蒼蠅具有低劣的佛性，佛性完全沒有差異。

因此，我們需要區分心與心性。有情眾生的心性和諸佛的覺醒心是相同的，成佛意味著在二元分立的念頭生起之前，完全處於穩定的狀態。如我們這樣的有情眾生因沒有了悟心性，陷入自己的思惟之中，而變得迷惑。然而，我們的心性和所有正等正覺的諸佛心性根本上是相同的，眾生和諸佛擁有一個相同的來源——佛性。諸佛之所以覺醒，是因為他們了悟自己的心性；眾生之所以迷惑，是因為沒有了悟自己的心性。因此，基礎只有一個，卻有兩條不同的道路。

正是心思惟、記憶和規劃我們所有的一切念頭。在藏語中，「念頭」稱為「namtok」，「nam」意指「對境」——我們所想的事物，「tok」意指「製造對這些對境的想法和概念」，「namtok」是心日日夜夜不停地攪製出來的事物。佛是一個認識心性，並且透過認識心性而覺醒的人；眾生則是沒有認識心性，並且因為自己的思惟而感到迷惑的人。沒有認識心性的人，被稱為「眾生」；了悟心性本身，並且對心性有穩定了悟的人，則被稱為「佛」。

這個心想的很多是不是真的？它記憶、規劃、思考、憂慮，從無數個生生世世以來，它一直日日夜夜地記憶、規劃、思考和憂慮，沒有停息。一個剎那接著一個剎那，這個心正一個接著一個地製造念頭，並且不只是在今生製造念頭。思惟之所以產生，即是因為我們沒有看見這個心本身的本質，心想到某件事物，然後對它產生念頭和情緒——這個過程持續進行。這如同一條永無止境的細繩上的珠子，永無止境的生生世世。這就是所謂的「輪迴」。

正是思惟讓輪迴永存不朽，除非思惟停止，否則輪迴將永無止境地持續下去。如我之前多次提及的，心不是一件具有色、聲、香、味、觸的事物，它是空虛的，虛空也是空虛的，不論你走到虛空中的哪一處，都沒有界限、藩籬和邊緣。如果你搭乘太空船朝一個方向旅行一千億年，也不會抵達太空的盡頭。即使你一路穿過大地，從大地的另一頭出來，也不會找到太空的底部。如果你再旅行一千億年，仍然不會在任何地方找到太空的底部，朝另一個方向旅行也是如此。你可以不斷地旅行，仍然不會到達太空的盡頭。

科學不會帶領人們達到證悟

現在，沒有界限的事物怎麼會有一個中心？它無法有一個中心，它能有一個中心嗎？這是為什麼我們被教導虛空沒有中心和邊緣的原因。佛陀以虛空指出心的狀態，他說心如同虛空般空虛——如同虛空般沒有界限，心沒有中心或邊緣。就事論事地說，有虛空之處，即有心。佛陀教導，在整個虛空之中，虛空觸及之處，即有有情眾生；有有情眾生之處，即有煩惱和造業；有煩惱和造業之處，也有佛性，諸佛的覺醒心是無所不在的。簡而言之，這心性在本質上是空虛的，它如同虛空一般，因為它沒有色、聲、香、味、觸，因此它完全是空虛的。從最初，它一直是空虛的，如同虛空般空虛。但是這其中有一個差異：虛空沒有知覺，它不會感受到快樂或痛苦；而我們的心是開闊、無邊無際和空虛的，但是它仍然會感受到快樂和痛苦。有時，它被稱為「全知全覺之心」（ever-knowing, ever-conscious mind），心了知任何存在的事物。

當這個心運作時，它可以發明任何可能的事物，甚至發明核彈。心創造所有這些驚人而小巧的機件——錄音機，以及可以飛越天空的飛機。這些發明物不會思惟，但是它們卻是由思惟的心所創造出來的。眾生創造了我們現在所有的輪迴，但輪迴這個創造物終究不會對我們有任何幫助。

心是不可見且不可捉摸的，這是人們不明白心的原因。所以，人們才會納悶：「我真的已經認清這心的本質了嗎？」如果心是一件具體的事物，那麼科學家很早以前就已經弄清楚心是什麼了。但是心不是具體的事物，因此科學家不一定知道心是什麼。如果他們知道心是什麼，那麼所有的科學家都會證悟了！但是你可曾聽說科學家透過科學而證悟的嗎？當然，科學家知道許多其他的事物，他們能夠製造電話，讓你立即和世界上任何地方的任何一個人談話，他們可以製造讓數百個人一起飛越天空的機器，可以駕著火車直接穿過山巒，所有這一切都是可能的。如果心開始運作，它是一個永不竭盡的寶藏，但是那仍然不代表證悟。當心被用作其他用途，並且深陷其中，這不會帶領人們達到證悟，我們必須明白心的本質。

輪迴的運作系統

此時此刻，正是心思惟所有這些不同的事物，只要思惟不消融，我們就不會獲致證悟。陷入念頭之中，即是在輪迴中流轉，如同機器中的轉輪。車子有了輪子，你就能夠行遍全世界，對不對？

什麼是消融念頭（完全清除念頭，讓它們消失）的方法？佛陀有清除思惟的技巧，這是為什麼我們要從具格的上師那裡領受「直指教導」的原因。當你去上學時，你必須對著老師重新念一次「A、B、C」，這樣子他才知道你是否明白字母。人必須被教導、被指引，才會有所了知，在徹底了知心性之前，他需要一個老師。就是這麼簡單。

在其他方面，我們的思惟如同車輪，當車輪移動時，輪子拖著車子到處走。從無數的生生世世以來，我們的思惟如同轉動的車輪般從未停止。即使當我們試圖停止它時，它反而變得更糟。思惟如同我們手的影子，試試看去把影子甩掉！你可以命令念頭停止，但是它們不會聽話。心走到哪裡，念頭就如影隨形，只要這思惟不竭盡，輪迴就不會終止，「輪迴」意指旋轉、循環、持續地繞圈圈。除了認識心性之外，沒有其他的方法可以使心停止思惟。

這個循環的運作系統稱為「十二緣起」（twelve links of dependent origination，或稱

「十二因緣」、「十二有支」），而「無明」（缺乏了知）就是這十二緣起之首。這種無知的無明意味著沒有認識我們真正的本質是什麼，它迫使色、受、想、行、識等五蘊持續存在，而這五蘊一而再、再而三地使生繼死而來。心不會死亡，當心仍然不知道它的本質時，它再度使五蘊用四種方法中的一種方法來製造一個新的身體。這四種方法（四生）分別是胎生，例如人類透過子宮而出生，以及化生、濕生和卵生。這「四生」是在三界、六道投生的四種不同的方式。

試著去檢查看看，光是在一個山坡上，就居住著多少眾生；看看光是在一座湖裡面，有多少隻昆蟲。如果你要數一數在我關房後面的濕婆普里山（Shivapuri Mountain）山坡上有多少隻昆蟲，那麼你可能會發現，這些昆蟲的數量多過整個世界的人口數量。相較於其他眾生的數量，人身是非常稀有的。即使我們碰巧身為人類，但是如果沒有在今生透過認識自己的本質而有所了悟，我們將繼續存在於輪迴的其他狀態之中。佛陀曾經教導，如果我們收集自己每一次死亡所噴濺出來的血液，那麼這些血液會多過海洋的容量。這些血液不是來自一切眾生所經歷的死亡，而僅僅是從一個眾生而來，這顯示我們曾經活過多少個生生世世。

如果我們繼續在輪迴六道中流轉，這個過程會自行停止嗎？完全不會！此時此刻，我們已經獲得所謂的殊勝人身。我們現在如同位於一條岔路上，一條路通往更高的層次，另一條路通往更低的層次，我們現在就在那個岔口上。如果能認識並了悟自己的佛性，就可以向上達至證悟；如果草率地忽略它，就不必試著走向更深的輪迴，因為它會自動發生，造作惡業其實不需要太多的努力。一般的心主要在思惟抗拒某件事物，或執著某件事物，或純粹愚鈍遲滯而不在乎任何事情。這自動創造了惡業，進而使輪迴持續下去。

認識主體的本質

真正的善是透過認識我們的佛性和本然狀態所創造出來的，認識自己的本質，即是證悟道；沒有認識佛性，即是輪迴道。有這兩種道路，它們的基礎都是佛性。有兩個選擇——兩條道路，一條是了知的道路，了知它自己本質的覺醒；另一條是無知的道路，沒有認識自己的本質，並且因為意識透過五種感官而與五種對境連結，使我們陷入念頭之中。這個過程使輪迴之輪持續不斷地轉動，所以，有句名言說道：

去認識，即是涅槃道；
不去認識，即是輪迴道。

當一般人看到一個對境，例如一串念珠，他們會想：「這是一串念珠。」接著，他們會納悶：「這串念珠有一百個珠子嗎？在哪裡製造？或許在中國，或許在印度，我不知道。」這將會使念頭接踵而來。把念頭概念化，就是所謂的「namtok」。念珠是對境，而我們對念珠所產生的所有想法就是概念。「它是黃色的，它是印度的，它或許是中國的。我喜歡它，它相當棒。」一個念頭接著一個念頭而來。對一般人而言，有一個被觀察的客體——念珠，而心是主體，心有所了知。另一方面，瑜伽士不會住於客體之上，而會認識主體的本質。

有了知。任何一個有情眾生的心都是空虛而覺察的，而正是覺察可以認識心的自性。在認識心性的那個剎那，你就看見了空性。這空性被稱為諸佛的法身，這覺察被稱為諸佛的報身，這空性和覺察事實上是無別的，而這無別即是化身。空性與覺察的無別是一種本然的品質，正如同水的流動性和火焰的暖熱，它們是一體的，你無法把暖熱與火焰分離。此外，認識一個人的本然面貌，便是所謂的「自性身」（svabhavikakaya，或稱「體性身」）。自性身與諸佛的三身面對面，在這整個世界上，我們無法找到任何勝過自性身的事物。

認識你的心，輕鬆地安住在了無任何實體之中。過了一會兒之後，我們又會陷入念頭之中，但是藉由一再地認識自己的心，我們越來越習慣於本然的狀態。這如同用心熟記某件事情一般，過了一段時間之後，你就不需要去想它了。透過這種過程，我們念頭的活動便越來越微弱，念頭與念頭之間的間隔開始變得越來越長。到了某個時候，你可以在不壓制念頭的情況下，就會有半個小時的時間沒有充滿概念的念頭。

心性原本是空虛而無根基的，不像在心中持有空性的想法，也不同於持續嘗試去感覺空虛，後兩者不會有太大的幫助。藉由一而再、再而三越來越習慣這種本然的、本初的空性，我們就會習慣這種空性。然後，你將會有從早晨到傍晚一整天的時間，空性明覺（empty awareness）不會受到被覺知的對境或覺知的心所染污，這相對應於證得菩薩地。當日日夜夜一刻不離這種狀態時，即所謂的成佛，即真正的正等正覺。

從心性的觀點來看，念頭的干擾如同天空中的雲朵，空性本身如同天空的空間，我們的覺察如同陽光，不論是晴天或陰天，天空本身從未改變。同樣地，當你了悟諸佛的覺醒狀態時，所有如雲般的念頭都會消失。但是即使現在，當念頭存在時，智慧的功德——本初的覺醒（本覺）——仍然是完全發展、完全呈現的。我們需要去修學，慢慢地越來越習慣對心性的認識，這將消融我們的惡業和煩惱。在這種對心性的認識之中，我們不可能受到業與煩惱的染污，如同你無法在半空中作畫一般。

我想要給你們一段引自《喜金剛密續》的著名引言：

> 一切眾生皆是佛，
> 但眾生卻暫時受到障蔽的覆蓋。

這暫時的障蔽即是我們自己的思惟，如果我們不具有佛性——與所有的覺醒者一模一樣的佛性，那麼不論多麼努力，將永遠無法證悟。佛陀以牛奶攪製成為奶油的例子來說明，眾生本身包含了可以出產奶油的牛奶，即包含了證悟的基本原料。它不像水，你可以攪拌水攪個十億年，但是永遠無法從水中攪製出奶油。一切眾生本身都具有成佛的佛性，但是如果你忽略這最珍貴的佛性，便將繼續在充滿痛苦的輪迴三界中流轉。

輪迴之所以充滿痛苦，是因為它是無常的。舉例來說，輪迴中有無可避免的死亡痛苦，如果我們永遠不會死亡，那就正好！或如果當身體死亡，心也死亡，那也不會太糟糕。但是事實上，當身體在生命盡頭死亡時，心體驗到死亡，然後繼續下去。我們持續不斷地體驗，即使當躺下來休息時，整個晚上仍不停地做夢，就像這樣，心持續不斷。

認識心性是空覺（empty cognizance），而這種了悟將能夠使我們度過中陰。

在領受了「直指教導」之後，我們需要下定決心，不僅僅要認識心性，也要下定決心地認為，這就是解決輪迴基本問題的方法。擁有這種信任，並且精進地修行，正如同著名的諺語所說的：「富裕父親的兒子自然而然地會繼承父親的遺產。」當父親富有，而且膝下有子時，兒子毫無疑問地將會繼承父親的財富。我們錯過了像一切諸佛、菩薩、空行、空行母和具有智慧之眼的護法那般，達到本初證悟的機會。然而，如果我們認識自己的本質，並且精進地修持，便將有機會再度證悟，如同富裕父親的兒子持有父親的遺產一般。

問與答

學生：「造作」（constructed）是什麼意思？

仁波切：「造作」的心的狀態是指，為了達到那種心的狀態，你必須去想某件事物；「非造作」（unconstructed）是指它不需要任何念頭，這是其中的差異。之前所提及的當下（nowness）或平等（evenness）的剎那，是造作的，還是非造作的？

學生：我想那是非造作的。

仁波切：這開放的剎那有不同的部分嗎？像過去、現在和未來那樣的三個部分嗎？

學生：我不知道。我希望仁波切可以告訴我。

仁波切：在心中認為某件事情是過去、現在或未來，就是受到充滿概念的心之狀態的染污。但是，不受過去、現在、未來的任何概念染污，也是有可能的。如果你不把這覺醒的當下概念化，就沒有過去、現在和未來三時。簡而言之，如果不是這當下的覺醒，這身體將會是一具死屍。如果這當下的覺醒是去追求事物，這就是所謂的「思惟的心」。換句話說，不要去追求任何事物。

投入思惟是心二元分立的狀態；不投入於思惟，即是自生的覺醒。有時候，人們說心類似虛空，因為你不能說虛空已經抵達，或虛空已經離去，或虛空來自某處，或走向某個方向。換句話說，二元分立的心之狀態確實來來去去，它如同雲朵，形成又消失。「見地」（view）一詞是指我們的本初狀態，這種狀態如虛空般不變，這種見地不受到念頭的障蔽，然而，我們的思惟卻可以障蔽見地。當我們開始形成「見地是什麼樣子」的概念時，思惟就障蔽了見地。見地即本初的狀態，如同虛空，它完全沒有任何充滿概念的構想，例如擁有它或不擁有它、得到它或失去它。

學生：在這個背景脈絡中，什麼是「禪修」（meditation）？

仁波切：老師們說：「現在禪修。」於是人們坐下，然後他們可能會想自己應該想像空性，這不是「禪修」的意義。「禪修」是指不要徘徊遊蕩，不要徘徊遊蕩。當人們聽到「禪修」這個字眼，聽起來好像必須要去做一點事情，但是禪修連微塵那麼一丁點的事情都不用做。禪修正如同虛空一般，完全不具實體、完全無形的開放。試著去想像那種開放，想像虛空。你能夠想像虛空嗎？你可以想像它是空虛的，但是那是一個念頭。那個念頭有幫助嗎？觀修一件事物，代表把那件事物帶到心中，但是你能夠把虛空帶到心中嗎？好，虛空是空虛的。把這一點記在心上，即是另一個念頭。不去想任何事情，去禪修虛空。你能夠做到嗎？不想像、不禪修不是比較好嗎？這是為什麼話說：

> 無上的禪修是不去禪修；
> 無上的修學是不把任何事情記在心中。

沒有必要去觀修虛空。不去想像它，好太多了！「禪修、禪修」這個訊息真的愚弄人們，它確實愚弄了我們。當我們聽到「禪修、禪修」時，我們心想：「一定有什麼事情要做，要記在心上。」究竟而言，「不禪修」就是最上的禪修。

當我們如虛空般安住，沒有想像任何事物時，甚至連一個剎那都不要散亂。一個如此修學的人，可以稱為真正的「虛空瑜伽士」（space yogi）。一個瑜伽士是與「本然」

有所連結的個人，虛空則是指永遠「如是」，安住在虛空之中，完全不要想像任何事物，不要觀修任何事物。一旦你開始去觀修虛空，它就變成一種模仿，只要讓虛空不徘徊遊蕩即可。心保持不散亂，沒有讓任何念頭重新出現的刺激。念頭是去構想某件事物的心理方式，換句話說，我們的注意力構想出一個念頭。念頭不來自其他任何地方，如果我們不思惟，那麼念頭會來自何處？在不可思議的本初虛空之中，心保持不散亂。讓你無法描述的明覺（awareness），不散亂地安住在本初虛空毫無掩飾的狀態之中，它是不必去想像的，因為這完全毫無掩飾的本初虛空已經是我們的自性，你不必去想像它是如此。

想像虛空！它不是一個念頭的對境。放棄思惟和被思惟的對象，放棄當下和未來，過去已經過去，此時此刻放棄當下和未來，那麼剩下什麼？

把某件事物帶到心上，如同觀想一個佛的身形。首先，觀想臉龐，然後觀想手臂；當手臂出現了，臉龐卻消失了。現在，我們觀想腿，手臂卻消失了，然後必須從頭開始。這相當困難，不想像任何事物，即是無上的禪修。就我所知，生起次第有點困難，圓滿次第則非常容易！

人們努力要我每天做運動，每天做運動或許是好的，但那不是一件容易的事情。生起次第如同做運動，當你移動身體，身體變得靈活而柔軟。藉由練習觀想，它變得靈活，而且帶來一切有益的結果，練習觀想不是沒有用處的。本尊、咒語和三摩地這三個面向不是沒有用處的，肯定不是。但是在認識佛性的剎那，本尊、咒語和三摩地這三者會任運地、自動且徹底地展現。

在藏傳佛教之中，我們需要去修學生起次第和圓滿次第。在此，我提供一個簡單的修行方法：觀想本尊實際存在，就在眼前。生起這樣的清淨見解：「我是本尊，我的聲音具有咒語的本質，我心的狀態即三摩地。」這樣提醒自己，即是生起次第。當你說「我是」時，那僅僅是心構想出的一個概念，概念不是像存在於某處的一盞燈那樣的實體。當你認識那個想著「我」的本體時——在「見」（seeing）的剎那，念頭已經消融，已經消失，而你已經達到了圓滿次第。

第二章

加持與證悟

爲了達到證悟，你需要直接體驗心的空性。
「空」意指不生、不住、不滅，
如同環繞在我們周圍的虛空，這虛空來自某處嗎？
它停留在某一個地點嗎？它走向某個處所嗎？

學生：仁波切可不可以解釋「加持」（blessing）究竟是什麼？

仁波切：我把人們心中所認為的加持稱為「淺表的加持」（superficial blessings）。當你想要去除某件事物時，你常常會問：「請加持我離於我不喜歡的事物。」而你所不喜歡的事物可能是疾病、痛苦或受到邪靈的攻擊，它也可能是經商不順等俗事。人們索取具有保護作用的金剛繩穿戴在脖子上，或服用甘露丸，或施行一場儀軌。當他們治癒疾病，驅除邪靈，生意再度興隆等等，他們會說：「我得到了加持。」這些即是普通的加持。換句話說，真正的加持是如何在一世之內證悟的口耳教導，而你可以從具格的上師那裡領受這個口耳教導。

請思量，我們此刻所擁有的身體是殊勝的人身。在這個世界上，有無量無邊的有情眾生，在一切有情眾生之中，這殊勝的人身是最佳的身相。要一再地獲得人身非常困難，唯有在過去世製造了足夠的功德，我們才能夠擁有現在的人身。想要藉由過失、不善的業行來得到殊勝的人身，是不可能的；唯有透過非常巨大的善業，我們才能夠擁有人身。身而為人，如同抵達一座充滿珠寶的島嶼，但是如果我們什麼也不拿，只是雙手抱胸而空手回家，然後會怎麼樣？既然已經生而為人，那麼最重要的是讓人生具有意義。你要怎麼讓它充滿意義呢？藉由修道，你可以使它充滿意義。除非這麼做，否則你的人生就是一個凡俗之人的人生。

一個凡俗之人是具有人身，看起來是一個「人」的眾生。如果這人生沒有和修道結合，那麼事實上，這個人生的目標和一頭畜牲的目標並沒有差別。在所有人道眾生之中，我們現在擁有一個殊勝的人身，可以聆聽上師們所解釋的教法，也可以把這些教法付諸實修。白白浪費殊勝的人身是一大損失，不可能有比浪費殊勝的人身更大的失敗。

說實在的，我肯定要鼓勵你們修持佛法。修持佛法主要的意思是去滋養信任、精進和內觀（insight）這三種品質。「信任」是指對教法和傳授教法者具有信心，即對佛陀、僧伽和護持教法者具有信心。「精進」能夠帶領你貫徹始終，圓滿修行。否則，不論從事任何工作，如果有始無終，這工作會完成嗎？「內觀」則是聽聞教法、思惟教法和修持教法的結果。當你聽到某件事情，並且對那件事情生起信心，然後你擁有內觀。這內觀是得自學習的智慧，思惟是從反思得到的智慧，最後則有從禪修所獲得的智慧，這意味透過修學所得到的個人覺受。

信任是必不可少的，而不信任則是一個大缺點。有人可能相當遲鈍，如同某個人看見諸佛、菩薩在天空飛翔，然後說：「他們只是在炫耀。」如果看見一頭動物肚破腸流地躺在地上，你們或許只會聳聳肩地說：「那是他的業，畢竟每一個人都會死。」如果一個人沒有悲心和信任，那麼他很難進入佛法的核心。

即使是對佛陀的四句偈教法❶，都要從內心深處生起感激與欣賞。你們要想：「這教法多麼精妙！這教法多麼的殊勝珍貴！」當你們看待其他人時，總是要這麼看待他們：「他們是我自己的父母，但是他們在受苦。我能夠做些什麼？幫助他們是我的責任。」你們要用這種方法對一切有情眾生修持悲心。這不是陳腔濫調，而是從你的內心深處做起。悲心和虔敬心不應該是一場表演，而是出自誠心誠意。信任佛陀的教法意味著純粹的欣賞與感激，老實說，透過幾句話的教法，我們就能夠有所不同，這完全令人感到驚奇。當如實應用這些教法時，我們就能夠改變投生下三道的因。換句話說，佛法能夠傾覆輪迴深淵，而信任正是從此時生起，這種信任是必要的。

人們有可能假裝對教法生起信心和虔敬心，心不誠、意不實地咕噥著「多麼精妙！」等的陳腔濫調，這些空話不會對任何人有好處。我們需要擁有深切的信任，那種信任深切到能讓人流淚，身上的毛髮直豎，並且很難保持被動消極。光是言語不會有所幫助，當思及其他眾生時，我們應該努力去生起真誠的悲心，要去思惟這些眾生是自己的父母，而他們簡直不知道該怎麼辦才好。因為他們不知道勝義諦——三摩地的真實狀態，因此為自己創造了巨大的痛苦。他們生生世世地在輪迴的狀態中流轉，而這些輪迴狀態如同一條永無止境的鍊條上相扣的環。當一個人真心誠意地感受到這一點時，他會流淚，這種勢不可當的情緒，即是必要的悲心。

毫無疑問地，當一個人對有情眾生充滿勢不可當的悲心，對證悟者充滿虔敬心時，他將領受到諸佛、菩薩的加持。如果一個人只是表面上憐憫有情眾生、敬重證悟者，並且假獻慇懃，那麼他不足以領受加持，領受加持必須有百分之百的真誠。一個人已經領受到加持時，會有一些徵相：你不再需要努力去感覺悲心，那種感受會任運地生起；你也不必刻意地顯露尊重，它也會自然而然地出現。這些即是領受了加持的徵相。相信業果是修持佛法的成就。

真正的成就是指充滿悲心和虔敬心。你可能會聽說某個人有神通，可做出精準的占卜，或能夠施展一些小奇蹟，或能夠讀其他人的心。這種事情不是真正的成就，完全不是，這沒有什麼特別之處。許多尋常人從靈體那裡得到能力，這種事情不稀奇，他們或許對證悟者沒有任何信心，對有情眾生沒有任何悲心，也可能不相信自己行為的業果。然而，這種人仍然有具加持力和成就力的名聲。他們的心續仍然如堅硬的石頭，對其他人遲鈍不敏感，沒有悲心，對神聖的教法沒有真正的欣賞與感激，只執著於輪迴的狀態。他們從醒來的那一刻到入睡的那一刻，都只努力去勝過敵人，而且只幫助自己的朋友，這種情況被形容為「受到無色靈體的加持」（blessed by formless spirits）。

相反地，你或許對佛法沒有太多的知識，但是如果你信任三寶，仁慈地對待其他眾生，並且真正地了解今生沒有什麼會永遠長久，那麼你就已經領受到三寶的加持。我們究竟有沒有領受到三寶的加持？如果一個人懂得許多教法，通常只會使他感到自負，心想：「我已經修持『止』（shamatha，奢摩他）和『定』（samadhi，三摩地）那麼多

❶佛陀的四句偈教法是：「諸惡莫作，眾善奉行，自淨其意，是諸佛教。」

年。」如果投入大量時間修行只讓人變得更貪婪、吝嗇，那麼證明教法沒有發揮作用，他們也沒有得到加持。

學生：「證悟」究竟是什麼？

仁波切：證悟有不同的層次，有阿羅漢（arhat）的證悟，有大菩薩的證悟，以及佛的正等正覺。「五道」❷和「十地」❸是逐漸通往正等正覺的次第，結合善巧方便與智慧是達到正等正覺的途徑，而善巧方便與智慧即是大悲心與對空性的內觀。當空性與悲心無別時，這種無別即是通往佛之正等正覺的真實道路。

悲心是甚深的，因為我們和所有其他眾生都有所連繫，這種連繫不僅是一般的，而是非常深刻的，因為在我們無數過去世中的某一世，沒有一個有情眾生不曾是我們的母親。因此，我們是透過一種大慈愛而連結在一起。但是在此同時，由於我們不知道如何避免痛苦之因，以及避免再度投生輪迴之因，因此一切有情眾生都置身在一條完全錯誤的道路之上。當真誠地把這種普世的痛苦放在心上時，你就無法背棄所有正在受苦的眾生，而覺得自己獲致證悟就已足夠了。

因此在修道上，悲心是極為重要的。在正等正覺的時刻，利益其他眾生的事業因為悲心而展開。在為了自己的利益而了證法身，並且清楚地看見其他眾生所處的狀態和需要之後，一個佛會持續地展現利益眾生的事業，他不只是會休息放鬆而已。所有這善巧的事業都源自悲心。

偉大的大師噶瑪巴讓炯・日佩・多傑為悲心提出了另一個理由，就此意義而言，悲心即是慈心（love）。

在慈心的時刻，我們的空性毫無掩飾地顯露。

真正的慈心可以是對證悟者的虔敬心，或對尚未證悟者的悲心。在你完全放棄任何自私自利的執著，只充滿了虔敬心或悲心的時刻，就不會有任何會讓空性的了悟散亂的概念，那是究竟的通行證——去體驗對充滿悲心的空性的了悟。所以佛教的經乘說，結合悲心與對空性的內觀，是證悟的真實道路。

悲心源自清楚地看見其他眾生所處的狀態，把你的注意力從只關心自己轉移開來之後，你開始設身處地地了解其他眾生的感受。你很快地了解到，眾生的目標和他們真正能夠達成的事物是完全相互牴觸的。每一個人都想要快樂與自由，但是透過意念（意）、言語（語）和行為（身）所追求的事物卻製造了進一步的痛苦和糾纏。當人真正清楚地看到這一點時，悲心的感受就變得勢不可當。在悲心變得勢不可當的剎那，

❷五道是通達解脫成就的五個次第，分別是：資糧道、加行道、見道、修道與究竟道（或「無學道」）。

❸十地是依菩薩證悟的層次所分的十種境界，分別是：極喜地、離垢地、發光地、焰慧地、難勝地、現前地、遠行地、不動地、善慧地、法雲地。

對空性的內觀就會完全離於散亂，因此你能夠了證存在於每個人之內本初自在、本初清淨的佛性，這是為什麼悲心在經乘中如此重要的原因。結合善巧方便與智慧，結合悲心與空性，是佛教教法的精髓與核心。

金剛乘告訴我們，所有眾生心的本質都被兩種障蔽（二障）所覆蓋。其中一種障蔽稱為「煩惱障」（emotional obscuration），即貪、瞋、痴。第二種障蔽稱為「所知障」（cognitive obscuration），即對主體、客體和兩者交互作用的細微執著，在此之中，明覺偏離成為二元分立的執著。這兩種障蔽需要消融和淨化，而這一點可以藉由積聚福德和智慧兩種資糧來達成，智慧資糧是指修學本初的覺醒。藉由積聚福德和智慧兩種資糧，我們顯露兩種無上的智慧，即覺知一切可能存在事物的智慧，以及覺知「如是」本質的智慧。藉由開展兩種無上的智慧，我們了證法身與色身。色身有兩個面向：虹光身❹的報身和有血有肉的化身。這是金剛乘修道的一個總結，修持金剛乘和獲致證悟是一種真正的加持。

佛之正等正覺具有慈悲、智慧、不息事業，以及能夠救度其他眾生等不可思議的偉大功德。心的覺醒狀態不是死寂的虛空，不是遲鈍無感的。在虛空之中，沒有什麼事物是有感覺的，它沒有功德、智慧，也沒有悲心。即使虛空不會受苦，但是它也沒有任何智慧，它不會因為做壞事而下地獄，也不會從中獲得解脫，它純粹是空虛的、一無所有的。如果覺醒狀態是這個樣子，那麼就沒有必要去追求覺醒，因為它沒有通往任何一個地方。但是事實上，它不是那個樣子，心的覺醒狀態既是覺察的，也是空虛的。心不是由任何事物所製成，它不具有任何物質，也不具任何實體。然而，當我們達到正等正覺時，眾多功德都已然呈現。諸如覺知一切存在的事物的智慧、看見「如是」本質的本初覺醒、悲心，以及利益其他眾生的能力，所有這些功德都圓滿呈現，不像死寂的虛空。除非移除了阻止我們圓滿覺醒的兩種障蔽，否則我們不會覺醒，而圓滿福德和智慧兩種資糧則是去除兩種障蔽的方式。

我們的本初自性無異於佛的本初自性，這本初自性如同清淨的虛空一般，不論它是受到雲朵的遮蔽，或是清朗無雲，它同樣住於它本初的自性之中。但是如果你假裝已經證悟自性，而不繼續在修道上移除兩種障蔽，那麼你不會了悟證悟的本質。所以，我們要真正地思量事實是什麼，我們是否具有障蔽？如果看見自己仍然有障蔽，那麼我們就無可避免地要藉由積聚兩種資糧來去除障蔽。

如果尚未證悟自性，那麼不論我們多麼努力，都無法認識自性。佛性無法假造，我們的自性原本是證悟的，但是在目前，我們尋常的身體、言語和散亂的念頭遮蔽了這本初的覺醒。我們的心性（佛性）如同虛空本身，但是這虛空受到雲朵的遮蔽。修持佛法的整個要點即在於去除雲朵，讓已經存在的事物——心的覺醒狀態（佛性），得以實現。我們心的自性是本初清淨、本初覺醒的，而去除兩種障蔽的方法，即在於培養造作的善德和非造作的本初覺醒，也就是積聚兩種資糧。

❹虹光身：透過殊勝的大圓滿法門，修行成就者命終時能讓身體回縮到組成身體的光質，色身會消融在光中，然後完全消失。因為在身體消融時，會有光和彩虹出現，所以稱為「虹光身」。

藉由認識本具之本淨自性，並且圓滿了悟這本淨自性，我們獲得證悟，這是如何覺醒成佛的方法。即使證悟的狀態已然存在，但是想像或形塑一個由念頭建構而成的證悟，卻不會讓你達到證悟。這就像你飢腸轆轆地看著一盤食物，然後努力去想像食物的味道。你想像：「嗯……我正在吃這些食物，我不再感到飢餓了。」這有用嗎？你可以想像很長一段時間，事實上，你可以永遠這樣想像，但是它不會解除飢餓，直到你真的把食物放進嘴巴，嚐到美味可口的食物，你飢餓的肚腸才會因而飽足。覺受也是如此，覺受只會以直接的方式出現，只在實相中出現，而不是透過理論而顯現。如果你的禪修僅僅是在想像中練習，僅僅是記在心中的某件事物，那麼它只是一種理論，而不是直接的覺受。

你們常常聽到這樣的教法：一切事物皆空，不具有自我本體，個人不具身分本體，以及一切現象都不具有任何自性。光是聽聞這些教法，或在智識上對其有所了解，都不會有太大的差別。實現這些教法的唯一途徑，即在於認識我們的自性，認識自生的覺醒是本然空虛的。正是藉由體驗本然的空性，我們才得以解脫，而不是藉由想像空性來達到這個境界。

我們或許了解，心本身沒有可見而有形的色、聲、香、味或觸。但是了解這一點，並不是真實的——這只是了解心真正的樣貌是什麼的一個想法和概念，這是不夠的。如果這就足夠了，你大可以說：「我是佛。」而你也會成為佛。但是老實說，事情不是如此。

覺醒的狀態（我們自生的覺醒）完全不需要假造或改變，它是本然的空性（emptiness）。「空」（empty）是指離於可見而有形的色、聲、香、味、觸；「性」（-ness）是指了知的、覺察的品質。我們需要去了解空性是如此，即空性不只是空虛，也是本然的覺察。我們不只需要去看見、體驗這一點，也需要去習慣這一點。習慣這一點可以清除障蔽、惡行和過去的業，並且根除迷妄，這是如何證悟的方法，也是加持之本。光是了解如何證悟，不會真的讓你證悟。

為了達到證悟，你需要直接體驗心的空性。「空」意指不生、不住、不滅，如同環繞在我們周圍的虛空，這虛空來自某處嗎？它停留在某一個地點嗎？它走向某個處所嗎？「空」就是那樣。同樣地，心的空性超越一切有限的心的造作，然而，它本來就具有了知的能力。理解這一點，而且你必須同意佛陀的教導：心的本質是一種自由無束縛的空覺。這是明顯的，為什麼？「空虛」意味著沒有可看的事物。然而，有一種了知——一種覺醒的品質，看見「沒有什麼事物可看」，我們稱此為「覺察」。空虛和覺察兩者並不相互限制，在空虛時，你仍然可以有所覺察；而有所覺察的心性仍然是空虛的。如果空虛和覺察是相互限制的，那麼心性就會是一種空無的狀態，或一種有意識而覺察的本體。但是心性不是非此即彼，它是空虛與覺察兩者自然的雙運。心的自性真的是一種自由無束縛的空覺，空性的品質即我們所謂的法身，覺察的本質是報身，而無礙的能力是化身。

如果我們的本初狀態被限定是空虛的，那麼它會像是失去知覺、無所察覺、了無意識。我們將不會有任何的體驗，將無法看見、聽聞、了知。但是我們知道自己是有能力的，知道這能力沒有受到阻滯，是自由無束縛的。儘管我們有所覺知，但是心性是空虛的；儘管心性是空虛的，但是我們有所覺知。儘管我們有所聽聞，但心是空虛的；儘管心是空虛的，但是我們仍然可以聽聞。

簡而言之，心是空虛與覺察的無別雙運。你可以用十億年的時間去尋找自己的心，但是永遠不會找到任何具體而有形的事物。心是空虛的，不具有形體。「具體」或「有形」不是意味著應該有一個可以看見、聽聞、聞嗅、品嚐或抓取的本體嗎？即使你尋找十億年，也不會找到這樣的一個東西。這是因為心是空虛的。

覺察的本質意指我們能夠了知一切，了知一切存在的事物，唯有有情眾生的心能夠了知。諸如地、水、火、風等外在元素，它們一無所知；同樣地，肌肉、血液、身體內的風息和孔穴，它們什麼也不知道。同樣地，色、聲、香、味、觸本身也一無所知。「了知」代表感覺歡樂或痛苦，地、水、火、風有感覺嗎？那麼身體、肌肉、血液、呼吸和體熱能夠有所感覺嗎？這是為什麼心最重要的原因。唯有心能夠了知。

許多人說：「如果心是空虛的，那麼心就不會了知任何事物。」切勿認為心只是空虛的，其實心是空虛而覺察的。在這個世界上，除了心以外，什麼能夠了知？有什麼能夠了知？如果沒有心，萬事萬物都會是死寂的。是什麼創造了核彈？是有情眾生的心。我們需要去了知，精確地了知這心的本初自性。

認識心性，並且使這種認識變得穩固，是達到證悟之道。我們完全不是靠做其他的事情來達到證悟，除非你認識這心的本質，否則無法超越六道輪迴。「有情眾生」即是指不知道如何去了知心的本質，一旦我們知道如何了知心的本質，就能夠在沒有太多艱困的情況下，通過聲聞（shravaka）與菩薩的次第，最後成佛。否則，身為凡俗的有情眾生，我們和一頭牛沒有太大的差別——我們吃飯、睡覺，就是這樣，沒有別的。

證悟道直接以這個心為基礎，如一句名言所說：「在心之外，沒有其他的佛。」這是指心性本初清新的狀態，而不是指已經忙碌於念頭的過時狀態！這種本初清新的狀態是自我展現和不停地自我解脫。由於這種本初清新的狀態是還原的，因此完全沒有必要去創造它，所以，我們稱它為「本初清新的狀態」。就修行的覺受而言，現在我們認識這種本初清新狀態的時間或許不會維持非常久，或許只有幾秒鐘。這是因為從無始的生生世世以來，這種本初清新的狀態一直被卡在思惟之中。如果認識這種狀態的時刻只維持很短的時間，那麼我們就需要重複多次。

根據你的上師的口訣指引，應用「正念的牧羊人」（shepherd of mindfulness），如果沒有這個「提醒」，初學者便無法認識這本初清新的狀態。它如同我房間裡面的電燈，我們需要切換開關才能打開電燈。電燈會不會自己亮起來呢？切換開關的動作一如正念。在認識本初清新狀態的剎那，你不必多做任何其他的事情，就達到了自由無束縛的空覺。不要認為心性是某種令人驚奇的事物，也不要認為心性必須是不可思議的，切勿糾正當下的覺醒。這種認識不是一種禪修的動作，這種認識甚至不費吹灰之力。如果我們想著：「空虛，空虛」，那麼這只會變成一種禪修。換句話說，它是一種模仿，一種空性的捏造。不要這麼做，我們只需要本然空虛、無根基、無基礎的狀態。

在開始這種修學之前，我們需要解決「心是否空虛」這個問題。這是第一步，也是極為重要的步驟，因為在此之後，我們將不會猶豫地想著：「或許心是空虛的，但是另一方面，或許不是空虛的。」佛陀教導我們，心肯定是空虛的。

接著，我們需要去確定心也是本然覺察的。如果心只是像虛空般是空虛的，那麼它怎麼會有任何的智慧和覺醒呢？它怎麼可能會有任何的慈悲？怎麼能夠有任何的活動與事業？它怎麼可能會有任何協助其他眾生的能力？這些品質從何而來？這些全都是這本然覺察的品質。如果這種能力受阻，那麼它就是愚蠢沒頭腦。如果你的目標只是變得愚蠢沒頭腦，那麼只要叫某個人經常用力地打你的頭，把你打昏到失去知覺、不省人事即可。當失去意識時，除非你清醒過來，否則你看不見任何東西，這種覺察的暫時後撤稱為「能力的障蔽」（obstruction of capacity）。然而，這本然的能力是無礙的。

我們可以用另外一個字「能量」（energy）來形容「能力」（capacity）。當物理學家們談到空虛的物質時，他們說那物質是空虛的，但是其中卻含有能量。同樣地，西方人說：「沒有什麼東西可看，但是其中仍然有能量，有一種能力。」「了知」的能力，即我們所謂的「能力」（tukje），「tukje」也意指「做一個仁慈的人」。當我們要求某個人：「請做一個仁慈的人」，我們事實上是在要求他們去開啟自己慈愛的能力！就三身而言，它是空性、覺察的本質（覺性）與自由無束縛的能力（無礙）三者的第三者。這三種本質是我們最殊勝珍貴的資產。

你了解心既是空虛的，也是覺察的嗎？切勿執著於這種了解。切勿替這種了解貼上一個名相而告訴自己：「這就是了，現在我了解了。」這種作法只會增添更多的思惟。切勿執著它，貼上名稱即是執著，佛的覺醒心是了無執著的。當鏡中出現影像時，鏡子不會替這些影像貼上名稱，鏡子不會執著。有情眾生的心固定不變，然後執著。你是否能了解我們需要修學這樣的「無執著」？

現在我要教導你們如何修學「無執著」。你正在工作，在工作中，你記得要去認識心性，然後繼續忙碌地工作，接著你再度認識心性，這是所謂的「持修」（sustaining the practice）。剛開始，我們無法一整天持續不斷地持修，因此，我們繼續做一般性的工作，然後在某個時候，記得要認識心性，這是所謂的「提醒」（reminding）。一旦你提醒自己，就讓自己置身其中，這是訓練一個人變得精通嫻熟的方式。

除非如此訓練，否則我們將永遠無法克服自己的貪、瞋和痴。在認識心性的剎那，其本身即是覺醒狀態的三身，在那個當下，貪、瞋、痴三毒失去力量，它們消失了。當我們完全習慣於認識心性時，貪、瞋、痴三毒不再有立足點，無法造成任何傷害。在通往成佛的路上，三毒不會立即消失，但是它們會越來越微弱，如果我們可以從早到晚持續不間斷地認識心性，這就是所謂的「菩薩地」。如果這種覺醒日日夜夜持續不斷，永不止息，那麼三毒將完全消失。在那個時候，儘管你的身體是人身，你的心卻是一個真正的佛的心。

學生：什麼是做一個瑜伽士的真正意義？

仁波切：我們全都同意，心是空虛而覺察的。要了解這一點，並不是那麼地複雜，或超乎我們的理解，一點也不會。如果心只是像虛空般的空虛，那麼我們將不會看見、聽聞、嗅聞、品嚐或碰觸任何事物。你能夠否認自己看見、聽聞、嗅聞、品嚐或感覺質地（觸感）嗎？它是無可否認的。心性不受限於它是空虛的或覺察的，空虛與覺察兩者是無別的。

空虛和覺察這兩個面向是一味的，如同蓮花生大士所說的：「充滿了知的空覺一味。」這是關鍵句，它不是空虛多於覺察，也不是覺察多於空虛，空虛和覺察是一味的，意思是兩者是無別的，其中重要的分別在於，是否有認識此一味的「了知」。對凡俗的有情眾生而言，心也是空覺一味，但是卻充滿了無知。這是因為覺醒的品質把焦點向外集中，執著於各種覺受。然後，注意力被困在三毒之中，「多美！我喜歡那個」，或「多醜！我討厭它」。貪、瞋、痴三毒幾乎是持續不斷的。

一個真正瑜伽士的修行是去認識離於三毒的狀態，並且透過修學不散亂來持續安住在這種狀態之中。第一，有所認識；第二，修學；最後，保持穩定。不散亂的程度恰恰定義了正等正覺的次第，完全不散亂如同清朗無雲的天空，離於任何的陰鬱黑暗，充滿陽光，法身是完全的不散亂。對一個瑜伽士而言，重要的分別便在於散亂與不散亂之間。

此時此刻既不是早晨，也不是下午，而是中午。在一天中的這個時刻（中午），你無法真正地區分空虛的虛空和陽光，因此正等正覺即類似於虛空與日光的無別。有情眾生與佛之間的距離，不比這陰影地帶與日照地帶之間的距離來得遠，它非常接近，它只是認識或不認識的問題罷了。

非禪修的狀態（state of nonmeditation）是我們應該被引介和認識的事物，藉由修學，這種非禪修狀態變得穩定而圓滿，這種狀態被稱為「非禪修的法身寶座」（dharmakaya throne of nonmeditation），人不會透過禪修而達到非禪修的狀態。種子（根本之因）不會異於它的結果，如果你種植一株藥用植物，後來它不會變成一株有毒植物，如果你種植一株有毒植物，它不會變成一株藥用植物。我們從一開始就修學的事物——我們認識的事物，在本質上應該與證悟的事物完全相同，你永遠不會聽到「禪修的法身寶座」這個詞彙。它一直是「非禪修的法身寶座」，非禪修的狀態即是我們從一開始就要認識的事物，也是我們在修道上應該修學的事物。「不散亂」即是修學之道，它讓一切不同，「散亂」則會摧毀一切。

「非禪修的法身寶座」形容大手印修道之果，在大圓滿之中，它被稱為「充滿概念的心與現象竭盡」（exhaustion of conceptual mind and phenomena）。「充滿概念的心」意指固著的覺知心；「現象」（諸法）是指被覺知的對境——在我們生活中的五大元素和所有不同的本體。我們需要超越覺知者和被覺知者，當心不視任何事物為堅實，我們就能夠看見五大元素、五塵等等的真實面貌，即一切皆不具實體，是空虛而不存在的。它們如同彩虹，不具實體但看似真實。完全了悟這種狀態的瑜伽士不會受到五大元素的傷害，真正的瑜伽士能夠穿透堅實的物質，不會沉入水中，不會被火焚燒，不會受到風的阻撓，這些是已經完全了悟這個事實的徵兆。我們應該修學本淨之本覺狀態，雖然心性是本覺的，但是瑜伽士必須重新證悟。我們已經落入迷妄之中，穩定的無妄即是所謂的重新證悟。

在大圓滿之中，我們被引介的第一件事情，即是非禪修的狀態——離於概念的內觀狀態，離於觀者與被觀者的狀態。如果你以觀修一個本體作為開始，那麼藉由這種禪修所得到的任何結果都同樣是概念上的。如果是這個樣子，那麼諸佛的悲心是從何顯現？瑜伽士應該如同一隻天鵝，在飲水時，能夠區分水與牛奶，瑜伽士應該能夠區分本覺的牛奶和無明的水。

薩拉哈（Saraha）❺曾經說：「放棄思惟者與被思惟的對象。」這是利益眾生的實際方式。但是放棄一切不包括放棄「認識」；放棄「有為」，但不放棄「無為」。如果你放棄「認識」，那麼它就成為一種漠不關心的狀態。放棄概念上的覺受，但是不放棄非概念的覺醒。本覺如同你赤裸的身軀，二元分立的心則如同衣服，要丟棄所有的衣物，保持赤裸。你要褪去所有二元分立的思惟，保持赤裸、了無念頭的法界（dharmadhatu）狀態。當你穿衣服時，就不是赤裸裸的，對嗎？同樣地，當你有念頭時，就不會有赤裸裸的本覺。一旦你脫下衣服，就有可能是赤裸的，赤裸的身體無法被丟棄，它是你自己的身體。沒有想像，沒有思惟任何事情，明覺本來是空虛而無根基的。任何看見這一點的人，即是真正的瑜伽士。「瑜伽」（yogi）是指把本然狀態帶入實際的覺受之中，做到這一點的人，可被稱為「瑜伽士」。如果「見」、「修」、「行」混雜了概念，這樣的人就不是一個大圓滿瑜伽士。一旦你認識了本然狀態，換句話說，一旦這種本然狀態實實在在地存在於你活生生的覺受之中，那麼當你走進一個房間時，人們就可以真正地說：「瑜伽士到了！」你的身體仍然是人身，但是你的心卻是大手印。

❺薩拉哈（Saraha）是印度的大成就者，著有三部道歌。

第二章

鐵條技巧

如果你想要停止感官和念頭，那麼就用鐵條。
這將幫助你達到究竟的愚痴！
這是完全失去感覺的愚痴狀態的「直指教導」。

學生：當我認識本覺時，所有的念頭消融了，但是色、聲等等顯相卻沒有消失。覺受與念頭之間有什麼差別？

仁波切：沒有必要去封鎖覺受，只要避免固著於覺受，避免替覺受貼上標籤即可。要避免覺受非常困難，事實上，如果你真的想要避免覺受，那麼你需要一個人用一根鐵條把你打昏！如果你想要完全停止遭遇任何事情，停止體驗心，停止覺知顯相，那麼叫朋友重重地在你的頭上打一記，然後你就會成功──至少成功一陣子。當思惟和覺知都停止時，有一種我們稱之為「徹底失去感覺」（utter oblivion）的狀態，這種狀態不需要動腦筋，而且沒有念頭。這種狀態類似無明的起因，當思惟者和被覺知者都暫停時，你的輪迴狀態也只不過是暫停罷了。

「不受到覺知的心的染污，不因為固著於被覺知的對境而受到傷害」，才是真實之道，但是這不表示覺醒受到阻斷，它完全沒有受到阻斷。如果你修學的目的是停止思惟和覺受，那麼必須要某個人把你打昏才行。如果你喜歡的話，也可以自己動手打昏自己，不需要請別人幫忙。如果那是你的修學的話，每次你清醒，就握住鐵條，把自己打昏。過了一段時間之後，你就會精通此道了！這相當容易完成。一旦你重新獲得感覺，開始產生一個念頭時，立刻打你的頭！鐵條將會是你禪修的輔助工具。如果你想要停止感官和念頭，那麼就用鐵條。這將幫助你達到究竟的愚痴！這是完全失去感覺的愚痴狀態的「直指教導」。

諸如身體感覺等覺受，以及關於那種覺受的念頭，是結合在一起的。舉例來說，如果有人把一根針刺進你的皮膚，那種感覺所觸動的念頭——「痛」，隨之生起。身體感覺可以存在於身體的每個部位，當你用一根針碰觸自己時，你不會立刻知道嗎？要指出感覺是什麼相當容易，只要拿一根針刺刺你自己就知道了。不要用刀子，那有點太冒險了！你不會死於一根針。但是用一根針刺一具屍體，那屍體不會有任何感覺，它不會有任何反應。此時，有一個心在這個身體裡，因此如果你想要完全離於身體的感覺，你需要死掉才行，一具屍體不會有任何感覺。這就是關於感官覺受。

在認識心性的剎那，感覺出現了，但是它不是一種空虛的感覺。這表示你體驗到清晰而生動的五種感官（五根）的印象，然而它們卻無別於空性，色是空虛的色，聲是空虛的聲，當你看見空性時，五根的任何對境（五塵）都生起為空性。它們沒有被中斷，仍然被感覺，仍然完全被體驗。任何出現在你眼前的事物，都是空虛的色；任何進入你耳朵的聲音，都是空虛的聲；你的舌頭所嚐到的任何味道，都是空虛的味道（味）；你的鼻子所聞到的任何氣味，都是空虛的氣味。你不會變成完全的空虛，完全的空白，你仍然有感覺、有覺受。如果你想要變得完全了無感覺，那麼只要變成一具屍體就好了！另一方面，人們可以體驗感覺，但是卻不執著於那種感覺，那是十分好的。重點在於：

當你看見心性時，就不可能再有所執著。在此同時，你對所發生的一切也會有所了知。你所見到的一切都是空虛的色，所聽到的一切都是空虛的聲，在那個時刻，沒有執著。

在沒有看見心性時，空虛的特質就找不到了，不是嗎？在看見空性的剎那，沒有執著、執取，也沒有固著，然而卻有了知。五種感官大開，一切事物都栩栩如生般地清晰。以下是一段甚深的話語：

全然的覺醒，有著大開的五種感官；
全然的開放，有著了無固著的明覺。

這種完全的開放在藏語裡稱為「zangtal」，意思是不執著於任何事物，不固著於任何事物。這與凡俗之人的心之狀態完全相反，凡俗之人執著於一切，固著於一切。本覺的開放，瑜伽士的開放，不固著於任何事物，它不緊抓著任何事物，我們需要去習慣這種開放。你的五種感官是大開的，是充分覺醒的，而且了無念頭。安住在這種狀態之中，全然地開放，這種開放如同一面透明的窗玻璃，它不會遮蔽外界的任何景色，它是完全透明的。這種透明一如不執著於任何事物，不固著於任何事物，那是一種沒有內、外之分的開放。如同窗玻璃一般，沒有任何事物遮擋外部和內部的視野。它不像這堵牆壁，既不是透明的，也不是開放的。我們可以用這堵牆壁作為愚蠢且固守鐵條的象徵，那真的是愚蠢而沒有頭腦！

此時此刻，我的視覺感受是暢通無礙的。我的視覺感受透過眼睛而產生，我可以看見每一張面孔，沒有一張面孔是混雜在一起的，每張面孔都明顯而清晰。我不把所看見的事物貼上言語的標籤，也不固著於任何細節。覺受的範疇是暢通無阻，栩栩如生般地清晰。同樣地，在你認識心性的剎那，你會有一種充分覺醒的感覺，當你不固著於所體驗到事物時，覺受本身不會帶來任何傷害。「固著」（fixating）代表把每一個細節貼上概念──「這是這個，那是那個」等等。以下是摘自龍欽巴《法界藏》（*Dharmadhatu Kosha*）的引言：

> 當有情眾生不檢視自己時，
> 一切事物看似堅實而具體。
> 當瑜伽士認識全然自在的本覺狀態時，
> 他明白這種本覺狀態如虛空般開放，
> 而這世界的顯相如同一場令人驚嘆的表演。

一切顯相看似真實，但是事實上，它們都不具實相，一如海市蜃樓、倒影、彩虹。你們或許知道某些迷幻藥，當你產生幻覺時，會發生什麼事情？如果你想要知道覺受的本質是什麼，去問一個服用迷幻藥的人。一旦藥效逐漸消失，幻覺在哪裡？它（覺受的本質）就像那樣，每件事物就像那樣，它完全就像此時此刻！

龍欽巴常常在他的著作中提及，所有這些覺受，我們所覺知的任何事物，看似在這裡，看似真實，但事實上，它們不在這裡，也不真實，而有情眾生卻堅定地認為事物是真實的。昨天晚上，你可能做了各種不同的夢，在醒來的那一刻，那些夢到哪裡去了？它們現在在哪裡？夢來自何處，去到何處？去找找你的夢去了哪裡，去看看它們是真實的，還是虛幻的？所有不同種類的、出現在白天的覺受，都是心的展現，全都是由心造作出來的。

所以，奇蹟是有可能的。當迷妄的心的展現在證悟的剎那消失時，人們了解到，一般的顯相僅僅是虛幻的。了證的瑜伽士不會被火焚燒，能夠在水上行走，能夠穿牆走壁。像我們這樣的凡俗之人肯定會被火焚燒，被風吹走，被水淹溺。瑜伽士如何能以不同的方式來體驗這一切？因為佛心不執著於任何事物，因此顯相不會造成任何傷害。所以，我們才會一再地受到叮嚀：「切勿執著於任何事物，切勿固著於任何事物。」一只要認識本覺的狀態，然後穩定地安住其中，大圓滿的修行就是如此。僅僅瞥見覺醒狀態一、兩次，不會讓我們具有施展奇蹟的能力，唯有當你們穩定地安住在本覺狀態之中，安住於心性之中，它才會發生。穩定地安住於本覺狀態之中，即是所有印度和西藏的偉大大師不會被火燒傷、被山壓垮、被水淹溺的原因。

這不僅僅是少數幾個大師的例子，有許許多多成就者都是如此。西藏大師果倉巴（Gotsangpa）①有一首道歌：

所有這些顯相都是虛偽的騙局，
這相對實相如同一場魔術表演。
我背後的岩石是透明的。

像果倉巴這樣的瑜伽士，就能夠自由地穿透如我隱居處後面的山那般堅硬的岩石。為什麼呢？因為他已經證得穩定的本覺。那不是因為果倉巴是如此的強壯，能夠用力穿過山巒，而是因為在事實上，一切顯相都是一場魔術的騙局。在果倉巴的覺受之中，一切固著都已融盡。

相對實相（世俗諦）真的如同一場魔術表演。你熟悉魔術嗎？在印度，有魔術師藉由咒語或特殊的物質，可以變出一座宮殿，邀請國王和他的所有眷眾進駐這個魔術宮殿之中。國王及其眷眾體驗到這座宮殿，但是這宮殿並不真實存在。有一則故事說，一個魔術師曾經邀請佛陀及其五百位阿羅漢弟子進入這樣的一座宮殿，並且奉上魔術變化出來的食物。佛陀假裝不明就裡，並且吃下食物。那位魔術師心想：「我騙到他了。」在最後，佛陀在迴向功德時，仍然假裝一無所知，然後帶著五百位阿羅漢眷眾離開。然後，那位魔術師試著要讓這用魔術創造出來的宮殿消失，但是由於佛陀已經下了咒，於

①果倉巴・貢波・多傑（Gyalwa Gotsangpa Gonpo Dorje, 1189-1258）是竹巴噶舉（Drukpa Kagyü）傳承的偉大上師之一。

是宮殿就一直留在那裡。魔術師因此感到心煩意亂，於是去找佛陀。他對佛陀說：「真對不起，我試圖要騙你。請原諒我，並且讓宮殿消失。」於是佛陀彈彈指，整個魔術表演就分崩瓦解。

魔術幻影不是真實存在的事物，絲毫沒有真實，它僅僅是應用咒語和特殊物質所創造出來的。你可以用魔術變出一些東西給人們看，但事實上，那東西是不存在的。這是一個適用於萬事萬物的隱喻，這隱喻也適用於整個世界與在這個世界中的一切眾生。輪迴、涅槃和修道，每件事物都如同魔術師所創造出來的物品。

在傳統上，有所謂的「八幻喻」，其中包括魔術、倒影（如水月）、彩虹、夢和海市蜃樓（如陽焰）。所有這些都是被覺知的事物，但事實上，它們並不真的存在，就如同魔術師所變化出來的魔術表演。所有的顯相（我們所覺知的一切事物）都是如此，不具有實體，而且並不真的存在。我們在本覺中越穩定，就越能夠看見外在四大元素的真實面貌——他們是可見的，但不存在，如同天空中的彩虹。在此之前，人們純粹被這些不存在的顯相所迷惑，藉由穩定地安住於本覺之中，我們了解到所覺知的一切事物，都是我們自己所創造出來的迷妄，它是個人的迷妄覺受。它如同帝洛巴（Tilopa）對那洛巴（Naropa）所說的話：

> 孩子！你不是受到被覺知的事物的束縛，而是受到執著的束縛。
> 因此，那洛巴，斬斷你的執著。

當你透過上師的口訣指引而從內心了悟到，執著是無根基、無基礎的，那麼你所覺知的任何事物既不會帶來傷害，也不會帶來利益。不論你的覺受是什麼，都是你個人的覺知，而所有個人的覺知都是空虛的。此時此刻，我們或許會想：「我覺知這裡的這塊木頭，那木頭怎麼會是空虛的呢？」因為這塊木頭可以被焚燒，最後完全地毀壞，它缺乏本具的存在——不只在未來的某個時間是如此，它已經是如此。在某個時候，七火（seven fires）將燒盡整個宇宙，如同一張紙被火焰焚毀那般徹底。七火燒盡整個宇宙之後所剩下的虛空，無法被摧毀。宇宙首先形成，然後留駐，最後分解，這個事實證明了宇宙實際上是空虛的。佛陀說：

> 色即是空，空即是色。
> 色不異空，空不異色。

你所覺知的任何事物，都是空虛的色。試著慢慢地、仔細地去了解這一點。如果一件事物不是空虛的，那麼它將會是無可摧毀的（不壞的）。但是一旦你焚燒一塊木頭，吹散灰燼之後，甚至連一粒原子也不會留下。心是空性，因為你無法焚燒它，你能夠焚燒心嗎？你能夠把心沖走嗎？你能夠把心埋在地底下嗎？

唯有佛性是真實的。以下是一段著名的引言：

話說萬事萬物皆空，但是佛陀之道不是空無諸身（kaya）與智慧。

心的空性是無可摧毀的，它無法被火焚燒，被水沖走，也無法被埋在地底下。其他的每一件事物，甚至這個世界上最堅固的山巒，最終都會在最後一個火劫的巨大火焰中分解，在此之後，火焰自行消失。十億重宇宙將會消失，不留痕跡。這難道不是證明了萬事萬物皆空嗎？但是心的空性無法被火焚毀，無法被吹走。你無法消除心的空性，因為它如同虛空。你能夠焚燒虛空嗎？你能夠吹走虛空嗎？你能夠把虛空沖走，或把它埋在地底下嗎？佛性如同虛空。

我們所覺知的一切事物都是空虛的，但是佛性卻超越空虛與不空，請了解這一個不可思議的事實。在認識佛性的剎那，你不需要做太多事情，只要去認識那個想要「去做」、那個思惟的本體就可以了。當你有所認識時，就會立即了解到，萬事萬物都沒有基礎，沒有根基。這種無基礎、無根基的本性不是某種概念。對某個不具有概念的事物產生一個概念，這是沒有幫助的。一個由念頭建構出來的空性是沒有用處的，我們需要本然的空性。在你認識心性的剎那，就已經看見了空性，那是不是相當容易？如果佛陀曾經說，有某個「東西」要你去看，但是你卻錯過了，那你就麻煩大了。但是，沒有「東西」要你去看，它是空性，這是我們需要去看的。當你看見空性時，就沒有錯過什麼，也沒有什麼是你仍然沒有看過的。在你認識心性的剎那，沒有念頭，它是自由自在的。它不是一個慢慢進入你身體的本體，不是像被鬼魂佔據一般。在認清心性的剎那，在那相同的剎那，你也看見了空性。藉由僅僅看見空性，不留任何念頭，心就解脫自在了。這相當容易，是不是？沒有什麼是你必須背在背上的，沒有什麼是你需要去虛構的，沒有什麼是你需要去成就的，沒有什麼是你需要去想像的。這不是太簡單、太容易了嗎？

「視無物乃無上之眼界。」當你注視著對境時，你沒有看見心，但是這些對境全都被心感受體驗，正是心看見這些對境。當心認識心的空性時，就不需要追著心跑，彷彿心是一個對境般，因為正是心感受體驗這些對境。在認識心的空性的剎那，對境就不具任何重要性，它們不會影響心性。對境本身不會感受體驗，地不會看見水，水不會看見火，火不會看見風等等，唯有心能夠感受體驗。儘管心是空虛的，但是它不會卡在那裡，任何覺受都能夠開展。

我們沒有必要執著於做一個有特殊覺受的覺受者。在你開放每一件事物，離於執著與固著的那一刻，就會發現覺知者與被覺知者的概念自然而然地平息。正是這些二元分立的概念替輪迴火上加油，當覺知者與被覺知者自然而然消失時，有什麼讓輪迴繼續存活？修學這一點。它如同用一座橋跨越一百條河川！它如同往一棵樹的主根一砍，就砍掉那棵樹的八萬四千條樹枝和樹葉，讓它們同時枯萎。如果你斬斷了這二元分立的心的根，就同時斬斷了八萬四千種煩惱。這是我們要修學的，就是這個。你能夠信任這個嗎？你現在對此生起信心了嗎？

學生：是的。

仁波切：只是空虛和空無有什麼用處？你認為這有用嗎？

學生：沒有用。

仁波切：心性的空性品質是法身，覺察的品質是報身，而空性與覺察雙運是化身。在你認識心性的那一刻，就等於和法身、報身、化身三身面對面；當沒有認識心性時，你體驗三毒。為了斬斷三毒，你要認識心性。「了知者解脫一切」，在你認識這空虛與覺察雙運的剎那，所有八萬四千種煩惱都同時解脫。

「了知者解脫一切」，了知這一個心性，解脫二元分立之心的一切狀態。但是也有可能「知百漏一」，或如人們常常說的：「沒有了知心的真如，無論你做什麼，都是上下顛倒的。」心的真如是指你認識「沒有什麼可以去看」、認識心是空虛的剎那。然而，心有所了知，這表示覺受是空虛的，但是儘管空虛，仍然有一種覺受是完全開放而無礙的，這是心的「真如」——心的實相。如果沒有了知這個實相，無論你做什麼，都是上下顛倒的。所有的成就都來自認識這個實相——心的真如，沒有認清這一點，不論我們做什麼，都會是上下顛倒的。

本覺如同一面可以映現一切事物的鏡子，當一個影像映現在鏡面上時，鏡子不會追隨那個影像，它不會去追趕或操縱那個影像。另一方面，我們這些眾生追趕對境，追趕我們所覺知的一切。本覺如同一面鏡子，鏡子擁有反射的能力，任何可能的事物都可以映現在鏡子上。我們的心性是空虛的，本質是覺察的，能力是無限的。正是在這個無限的能力之中，任何事物都可以生起，如同鏡面上的影像。如果不是這樣，我們就會是沒有知覺、愚鈍和無知的。如果你想要沒有知覺，那麼試著用鐵條技巧把你自己打昏！

你可以審視這整個世界上的每一件事物，仍然找不到一個比教導你如何認識心性更優越的教導，我現在正在告訴你們這個教導是什麼樣子。它是過去一切諸佛所行走的道路，在此時此刻覺醒的人遵循這條道路，所有的未來佛也只遵循這條道路而覺醒。這條道路也稱為偉大的「法身母」（Dharmakaya Mother），即般若波羅蜜多（Prajnaparamita），「法身母」不是某個老婦人，它是無限的空覺。

你需要透過修學來習慣這種狀態，這種修學純粹是「認識」，而不是出於意志的禪修行為。在認識心性的剎那，你看見了心性；在看見心性的剎那，心性是自由自在的，這種自由自在不一定會維持很長一段時間。沒有「事物」要被看見，這個事實清楚地被看見為「如是」。它不是隱藏的，它是一種實相，只有短暫的剎那，但是它會重複多次，你需要如此修學。一旦你圓滿修學，就不需要多想一次，當你在做自己熟悉的事情時，你連想都不需要想，不是嗎？當你念誦「Om Mani Padme Hung」（嗡・嘛呢・唄美・吽）時，你需要去想它嗎？每一次你念「Om」（嗡）時，需要去想在之後是什麼字嗎？當然，必須要有一個「現在我要念誦『Om Mani Padme Hung』（嗡・嘛呢・唄美・吽）」的初念。同樣地，我們首先需要提醒自己去認識心性，但是不需要去擔心「Om」（嗡）之後是什麼，「Ma」（嘛）之後是什麼，對不對？當你說「Om Mani Padme Hung」（嗡・嘛呢・唄美・吽）……」時，需要去想嗎？這即是所謂的「訓練有素」，它就是那樣。第一流的修學是從早晨醒來的那一刻，一直到入睡，自然而然地認識心性，完全沒有刻意的禪修，但是心卻保持不散亂。

認識無限的空覺，保持覺醒，保持不散亂，沒有觀修的「事物」。一整天不間斷地安住在這種狀態之中，會是什麼樣子？如果這種狀態日日夜夜任運而不息地發生，會是什麼樣子？了知一切的智慧、慈悲和證悟的事業等功德會任運地開展，不必透過禪修來達成。

學生：對修行者而言，「希望」與「恐懼」似乎不可避免。在修道上，我們憂懼自己浪費許多時間；希望明智地運用時間，有所成就。另一方面，上師教導我們，希望和恐懼會破壞持見。我們要如何克服希望和恐懼？

仁波切：在此有兩個面向：「見」（view）與「行」（conduct），你需要去區分它們。「見」與「行」是兩種不同的面向，你無法也不應該把兩者混合為一。如果你在「行」中失去「見」，那表示你總是在接受和排拒，你可能不斷地懷有需要得到某個事物的念頭，以及需要丟棄某個事物的念頭，這即是所謂的在「行」中失去「見」。

另一方面，如果你在「見」中失去「行」，便會認為沒有什麼要去接受或排拒，不論做什麼都無關緊要，而且沒有善與惡，那是一種更大的錯誤。一個人的行為必須符合世俗的價值觀，然而，我必須很抱歉地說，混雜了世俗工作的佛法不是完美無缺的佛法。佛法和世俗的目標是相互牴觸的，因此你在心中要區分這兩件事情。世俗工作總是有一點點的不善，惡行是修道的一種障礙，為了修持佛法，你需要放棄惡行。心是這些行為的製造者，而身體和語言則是心的僕人，每當心陷入三毒之中時，我們的行為就是惡行。我們不需要去製造惡行來使自己背負重擔。

「見」應該離於三毒。在一個凡俗之人的心中，除了三毒之外，沒有其他的事物——只有希望和恐懼。從事世俗的活動而沒有希望和恐懼，是不可能的。在今生，你無法在沒有接受和排拒的情況下做任何事情，試圖去超越這個狀況，變成一個大問題。因此，你無法在沒有希望和恐懼、接受和排拒的情況下修持佛法。這不表示人必須像一個凡俗之人那般，他的「見」只是三毒（順便一提的是，這就是凡俗之人的定義），而「行」只是體現三毒，那不是這個意思。凡俗之人的心續被稱為「黑暗的滲透」（black diffusion），這表示這樣的心續就只是惡念模式，日日夜夜、不間斷、不停息地流動。對凡俗之人而言，「見」是缺失的。就「見」而言，沒有什麼要去接受或排拒。然而，如果一個人不接受善，不排拒惡，如果一個人不接受佛法，或不排拒世俗的目標，那麼他僅僅是在過著世俗的生活。簡而言之，你需要去區分「見」與「行」，「見」離於希望和恐懼，「行」帶有希望和恐懼。

當談到「見」的修學時，我們肯定要拋棄希望和恐懼、接受和排拒。在一個人放棄接受和排斥的衝動之後，才會有「平等」。「執著」有兩種方式，而這兩種方式都是充滿概念的念頭。去行動，去踐行，你必須接受和排拒，沒有其他的方法。我們需要去修持佛法，不需要去製造惡行，但是這些惡行卻常常自動地發生。凡俗之人受到思惟的影響，思惟、念頭是惡行的根源。有情眾生的念頭不是修行的，它們只是瞋、貪和痴。有情眾生因為貪欲而受到一個對境的吸引，因為瞋怒而對抗那個對境，或因為愚痴而不知道那個對境。換句話說，有情眾生的念頭除了貪、瞋、痴三毒之外，沒有其他。

你需要放棄惡行，需要去應用佛法。因此，在人的生命之中，沒有希望和恐懼、接受和排拒地修持佛法，是不可能的。這僅僅是就「見」而言，而這種「見」是指透過希望和恐懼，沒有什麼要去接受或排拒。但是希望和恐懼是念頭，「見」離於這些念頭，但是「行」卻不是如此。舉例來說，「轉心四思惟」（four mind-changings）❷的整個目的即在於接受和排拒。接受應該要被採納的事物，即佛法之修道；排拒應該要放棄的事物，即世俗的生活模式。為了成為佛法的修行者，人肯定需要去接受和排拒，而這則建立在希望和恐懼的基礎之上，這沒有什麼不對，是在「見」中，不應該有接受和排拒。

蓮師說：

切勿在「行」中失去「見」，
如果你在「行」中失去「見」，
你將永遠不會有解脫的機會。
切勿在「見」中失去「行」，
如果你在「見」中失去「行」，
你將偏離進入「黑暗的滲透」之中。

在「見」中失去「行」，意味「見」（空性）被施加在一個人的所有行為之上，這個人可能會說：「善是空虛的，惡也是空虛的，每一件事物都是空性，因此有什麼是重要的。」於是這個人變得心不在焉，輕佻無聊，而且不會區分利與弊、善與惡，這即是所謂的在「見」中失去「行」。請小心謹慎地避免這個錯誤！

另一個極端是在「行」中失去「見」，只想到善與惡、什麼是道德和不道德。蓮師也說：「如果在『行』中失去『見』，你將永遠不會有解脫的機會。」一個人正是透過「見」而獲得解脫。如果你在「行」中失去「見」，將永遠不會有解脫的機會；如果你在「見」中失去「行」，則會忽略善與惡之間的差異。區分「見」與「行」是非常重要的。請小心謹慎地區分兩者！

蓮師也曾說：「雖然『見』應該如天空般廣大浩瀚，但是你的『行』卻要保持如青稞粉那般純淨精細。」切勿把「見」與「行」混淆在一起。當在修持「見」時，你應該要像天空那般不偏不倚、了無分別，如天空那般廣大浩瀚、無邊無際。另一方面，你的行為應該盡可能小心謹慎地區分利或弊、善或惡。一個人可以結合「見」與「行」，但是卻不要混合兩者或失去其一。這是非常重要的。

「『見』如同天空」意指不執著於任何事物，你完全沒有卡在任何地方。換句話說，在要接受什麼和要排拒什麼之間沒有分別，沒有分隔兩者的界線。「『行』如青稞

❷「轉心四思惟」（four mind-changings）是指能將心轉離輪迴的四種思惟，即思惟：（一）人身難得；（二）死亡無常；（三）業報因果；（四）輪迴過患。

粉那般純淨精細」意指有善、有惡，人們需要區分兩者的差異，放棄惡行，修持佛法。
在你的舉止之中，在你的行為之中，有必要去接受和排拒。

第四章

止與觀

「止」使心習慣於平靜，並且全神貫注於平靜，修行者老是在維持某個東西，那種狀態是一種技巧的產物，他們用大量的心力去造作一種特定的心所造的狀態。

學生：不久之前，你告訴我去修學，但不要禪修。上星期我這麼做了，但是我發現散亂增加了。我現在應該怎麼辦？

仁波切：傳統的說法是：「培養『止』（shamatha，奢摩他），修學『觀』（vipashyana，毘婆奢那）」。佛教從未說「止」與「觀」是多餘的，應該不予理會或完全把它們擱在一邊。我也不曾這麼教導，但是有時候，我似乎有一點貶損「止」。這是有原因的，而這個理由只可以在特定的背景脈絡中找到。

安住於「止」，不保證能認識心性

一般教法的背景脈絡在於，傳法者對正在體驗不間斷的迷惑與昏亂的有情眾生說話，這個有情眾生的念頭或煩惱一個接著一個而來，如同騷動的海面，對心性沒有任何的認識。這種迷惑是生生世世持續不斷的，幾乎沒有任何間斷。告訴這樣的一個人，說「止」是沒有必要的，這肯定不是傳法的正確方式，因為他的心如同一頭酒醉的大象或一隻瘋狂的猴子，根本不會保持安靜。這樣的心已經習慣追隨念頭，沒有任何的內觀。

「止」是一種處理這種狀態的善巧方便，一旦迷惑的念頭平息到某種程度，認識空性的明晰內觀就容易多了。所以，我們從未教導說「止」與「觀」是不必要的。

開示的風格適應兩種基本的心態：一種是以被覺知的對境為方向，另一種是以了知的心為方向。第一種心態追求色、聲、香、味、觸、法，它在佛性中不穩定。這種情況是「三昏惑」（threefold bewilderment）——對境的昏惑、感官的昏惑和感官覺知的昏惑，第三者即是身為凡俗之人的原因。由於我們陷入根深柢固、一個念頭接著一個念頭的串習之中，我們經歷永無止盡的輪迴。為了穩定這樣的心，第一個教法就是需要去教導那個人如何平靜下來，如何獲得或消除在騷動內固定不變的品質。這如同一攤渾濁的水，除非水變清澈了，或直到水變清澈之前，你無法看見你的臉在水中的倒影。同樣地，對那些被念頭牽著鼻子跑的人而言，關於「止」的教導是必要的。

念頭出自我們的空覺，念頭不只是來自空虛的品質。虛空沒有任何念頭，四大元素也沒有任何念頭，色、聲和其他的感覺不會思惟，五種感官之門（五根）不會思惟。念頭在心之中，而如我常常提及的，這個心是空虛與覺察的雙運。如果心只是空虛的，那麼念頭根本無法生起。念頭只來自空覺。

一般的道乘認為，為了達到安住的狀態，「止」的法門是必要的。為了對治我們不斷造作的串習，諸佛教導我們如何去仰賴一個依止。藉由習慣於這個依止，我們的注意力變得穩定，而能夠保持穩固。在這時，指出注意力的本質即是空覺，就容易太多了。但是請記住，僅僅是安住，僅僅住於穩定的「止」修行之中，並不保證你能夠認識自生覺醒的本然狀態。

一般來說，心具有許多不同的特徵：有些好，有些壞，有些平靜，有些無法調伏。某些人執著於貪欲，某些人比較會瞋怒，有這麼多不同種類的世俗心態。如果你想要心變得安寧、寂靜，那麼藉由足夠時間的修心，心將會變得安寧、寂靜。心確實會變得安寧、寂靜，但這不是一種解脫的狀態。

心變得平靜的過程，如同一個人學習如何坐下來，而不是昏亂、迷惑地到處遊蕩。然而，從遠處注視那個人坐在那裡，我們不一定能夠知道他真正的性格。如你所知的，人們有不同的個性。某人可能非常柔和、有教養，非常仁慈，但是他只是坐在那裡，你不會知道他是個什麼樣的人。另一個人可能非常粗野、易怒和暴力，但是你也不會知道他是那種人。一旦那個人的念頭又開始轉動，這些特徵才會自行顯露。當念頭轉動時，我們通常陷入迷妄之中。在此同時，我們的自性原本是離於煩惱和念頭的障蔽，念頭和煩惱只是短暫的。心真正的「特徵」是自生的覺醒，是一切諸佛所了證的狀態。

修學與禪修的差別

大圓滿、大手印和中觀的教導全都說明，不論生起什麼樣的念頭，這念頭都離於色、聲、香、味、觸等等。所有念頭的活動都是空虛的，是空虛的活動。雖然煩惱是空虛的，但是它仍然生起。因為空覺是我們的自性，因此念頭的活動能夠產生。被一個念頭牽著鼻子走，是有情眾生的狀態。你們要認識自己的本初狀態是諸佛三身的本性、本質和能力，短時間地住於非造作的本然狀態之中，然後重複多次。你會習慣這個狀態，這短暫的時間會變得越來越長。安住在非造作的本然狀態中一個剎那，將能淨化一劫所累積的惡業，一剎那的本然轉化一劫的惡業。

你僅僅需要容許非造作之本然的剎那，只要容許它自自然然地在那裡，而不要觀修它，不要刻意把焦點放在它上面。當你如此修學時（在藏語之中，「修學」〔training〕和「禪修」〔meditating〕這兩個詞聽起來是相同的，所以我要一起談談這兩個詞），修學比較是熟悉的問題，而不是禪修的問題。你越是熟悉心性，就越不會刻意地觀修心性，越容易去認識心性，並且更容易去維持這種狀態。

在剛開始，認識心性的時間只維持幾秒鐘，漸漸地變成半分鐘，然後一分鐘，然後半個小時，然後數個小時，直到最後它不間斷地持續一整天。你需要那種修學，我之所以提及這一點，是因為如果修學的目標是在建構一個已經平息念頭、感覺非常明晰、平靜的狀態，那麼它仍然是一種修學，修行者在其中刻意地維持一種特定的狀態，它是一種心造作的結果，是一種追求。因此，這種狀態既不是究竟的，也不是本初的本然狀態。

在「止」之中，並不了知赤裸裸的本然心性，因為心被「安住於寂靜」所佔據，仍然未見赤裸裸的本然心性。修「止」的修行者所做的唯一一件事情，即是不追隨念頭的活動。但是，受到念頭活動的昏惑，不是唯一的一種迷妄，修行者也可能受到「安住於寂靜」的昏惑。全神貫注於「止」，阻擋修行者去認識自生的覺醒，也阻礙修行者去了知覺醒狀態的三身。這種「止」純粹是指一個人沒有念頭，注意力本身是止寂的，對它自己無所了知。

念頭是輪迴的根源，念頭是輪迴的「所有者」。儘管如此，法身是念頭的本性，不是嗎？我們需要去修學來認識念頭的這種本性——「四分離三」（the four parts without the three）❶。修學這一點不是觀修某種東西的行為，而是「去習慣它」。然而，它也不像是用心學習偈頌那般背誦。

「禪修」一般是指「注意」，但是在這個情況下，我們需要去修學離於「觀者」和「被觀者」。在「止」之中，有觀察者和被觀察者，因此老實說，「止」也是一種阻擋空性的修學。「止」使心習慣於平靜，並且全神貫注於平靜，修行者老是在維持某個東西，那種狀態是一種技巧的產物，他們用大量的心力去造作一種特定的心所造的狀態。任何狀態只要是修學的產物，就不是解脫。僅僅是能夠保持平靜，並不能瓦解迷惑。

如果你能夠迫使海浪平靜下來，那麼海洋可能看起來完全靜止，但是在水底下，各種沉澱物仍然四處漂浮。海洋或許沒有波浪，但它卻不是沒有殘骸碎片。同樣地，在一個刻意維持的寂靜狀態之中，八十種本具念頭狀態的串習、五十一種心所，以及所有善與不善的情緒，全都潛伏地存在。它們或許不明顯，或許不活躍，但是它們仍然不是解脫的。

佛心是止觀雙運

我在此批評的是這樣的一個想法：寂靜的心離於念頭，在究竟上是可取的，或其本身即是一個目標。但佛陀的教法不是如此，寂靜本身不是解脫。藉由追求這個目標，修行者可以證得長時間全然的寧靜，但是這和真正的解脫並不相同。

另一方面，本覺的覺醒狀態是全然開放的，它不固著於任何事物，如同沒有任何沉澱物殘留的海洋。當你把泥土混進水裡時，泥土使水變得骯髒。同樣地，僅僅藉由修持「止」，你不會獲得證悟。你需要「觀」，即明觀（clear seeing）的品質，而這個品質本來就存在於超越充滿概念的心的空性之中。

在佛教修行的所有層次之中，「止」和「觀」兩者必須一起進行。在初始的修「止」之中，修行者可以使用一塊卵石或呼吸作為專注的對境，但是在這個情況下，總是會有二元分立的現象：專注的對境和專注的正念本身之間的區別，而這專注的正念時時照看修行者的注意力不要散亂偏離到專注的對境之外。另一方面，大圓滿的教法從一開始就對修行者介紹法身的本然狀態，在大圓滿的背景脈絡之中，「寂靜」（止）有時不是絕對必要的。這不只是對具有上等根器的人如此，對每個人都是如此。這不是一種免除「止」的大圓滿「共」（general，一般的）的教法，完全不是。大圓滿、大手印和

❶「四分離三」（the four parts without the three）是指離於過去、現在、未來等三部分的造作念頭，而第四部分即是不受時間影響的勝妙剎那。

中觀從未教導你不需要「止」，而是我們需要去避免上述提及的「止」的缺點。

因此，你從修「止」開始，並且繼續下去，直到能夠保持可接受的穩定狀態，到了這時，要看見你本然的心性就容易多了。這就像你想要看見自己映現在水池中的臉龐，如果不斷地攪動水面，是不會有幫助的；相反地，你需要讓水池變得靜止無波。為了獲得「觀」的內觀，首先必須讓心安頓下來，如此你可以清晰地看見自己的心性。在佛教「共」的體系之中，這是不可或缺的。

隨著你在道乘向前進展，你發現「止」和「觀」更深刻的意義。舉例來說，有共（ordinary，尋常）與不共（extraordinary，不尋常）的「止」和「觀」。究竟而言，話說「佛心是止觀雙運」，但是這種「止」和「觀」不是共的，也不是充滿概念的、誘引出來的「止」和繼此之後所達到的「觀」。那種不共的「止」和「觀」被稱為「讓如來們感到欣喜的止和觀」。換句話說，如來們之所以對那種「止」和「觀」感到欣喜，是因為它是無瑕的。相同的字句，但有不同的意義，共和不共的「止」和「觀」之間有著天壤之別。

再一次地，不要認為「止」和「觀」是沒有必要的。在本覺之中，內在的穩定是「止」，覺醒的品質是「觀」。離於念頭的穩定是究竟的「止」；離於念頭的同時，又認識你的心性，則是使如來們感到欣喜的「止」與「觀」的無別雙運。

大圓滿也使用「止」和「觀」的字眼，但是在那時它們不是指修行的結果。龍欽巴所著的《法界藏》說道：

完全離於所有念頭的本初自性，是究竟的「止」。
如同太陽的光芒般任運顯現的本覺，
則是完全無造作、自然展現的「觀」。

從大圓滿的這個觀點來看，「止」是內在穩定的不變品質，而本然的覺醒則是「觀」的面向，兩者都不是生產或造作出來的。我們說「止」沒有必要，其實是指心所造作出來的寂靜。之前我告訴你們「不要禪修」，其實是指不要從事心所造作出來的禪修，那是我要你們停止的那種「止」。

「觀」是你的空覺，你超越圓滿與缺損的本然覺醒，這個句子具有不可思議的意義。在大圓滿之中，它是指對本覺的真正認識，而在大手印之中，它則被稱為「本具的真如」（innate suchness）。這是我們認識「真」的時候，它可以有許多的稱呼，但是簡而言之，它是指在「觀」的同時看見心性。「在觀看的剎那看見心性，在看見心性的剎那獲得解脫。」沒有一個念頭可以附著在這種狀態之上。然而，過了一段時間之後，你發現自己又再注視著所看見的事物，那即是念頭來臨的時候。然後你需要去「留意」（remindfulness），並且再一次地，觀者立即停止了。放鬆在非造作的本然之中！（仁波切安住在本覺之中，作為直接的口傳，然後繼續談話。）

當你安住在那種狀態之中，什麼事情也不做時，有一種全然的放下。在此同時，有一種全然覺醒之感，有一種無法造作的覺醒品質。

「不禪修」的意義

在念頭消失的同時，有一種覺醒的品質，如同蠟燭完全自行存在的明燦火焰。那種覺醒的品質不需要透過禪修來支持，因為它不是某件培養出來的事物。由於它是一種只維持短暫時間的認識，因此再次提醒自己是有必要的。但是老實說，要多久才會達到那個剎那？當你伸出手指去碰觸虛空時，在碰觸到虛空之前，你需要把手伸出去多遠？在此同時，在認識心性的同時，你也看見了心性。你不是在之後的某個時間才看見心性，也不需要持續尋找、尋找、尋找心性，在此並沒有兩件不同的事物在進行。

在看見心性的剎那，你也認識了空性。「不見一物，是無上之見地」，當看見空性時，你不需要做任何事情。「非造作」是此處的關鍵字，意思是指你不需要去改變它，就讓它保持原原本本的樣子。在那時，你完全是「無業」的（out of a job），不需要去做任何事情。換句話說，「禪修」這個行為在那時是沒有必要的，這即是我說「不要禪修」的意義。因為在那個時刻，不論你做什麼要去保持或延長那本然的狀態，只會使它更活躍、更複雜，而那不是我們真正需要的。從無數的生生世世以來，我們已經不停地這麼做了。

當我們平息念頭時，即是圓滿的法身。凡俗有情眾生已經受到念頭的影響所左右，這是我們是否認識心性的問題。在大圓滿之中，在注視心性時，你看見了心性。然而，法性（dharmata，或「真如」）不是一個可以被看見的事物；如果它是一個可以被看見的事物，那麼它就會是一個心的產物。（仁波切再次安住在本覺之中，給予「直指教導」。）

有情眾生緊緊抓住這個剎那不放。在當下，過去已經止息，未來尚未到來。離於過去、現在、未來三時，如此除了空虛之外別無一物。「立斷」法（Trekchö，大圓滿之法門）如同斬斷一條繩子，沒有把過去、現在和未來概念化的念頭。了無過去、現在、未來三時的念頭，你當下清新的覺醒即是本覺。

就「不禪修」的意義而言，我要你們脫離的那種「止」是一種心造作出來的寂靜。如果你已經拋棄這種「止」，那是非常好的。心造作出來的寂靜不是圓滿的解脫道，我們需要離於存在與寂靜（輪迴與涅槃），那即是所謂的正等正覺之狀態。

完全覺醒的本然狀態具有無礙的品質，那是真正的自在。去認識完全開放、無礙的覺醒剎那，它既不執著也不住於任何事物，這不只是如同在經過誘引而產生的寧靜那般沒有念頭的活動，這是一個重大的差異。這也是為什麼「止」本身不是真正解脫道的原因；「止」在每個層次上都需要結合「觀」的明觀，一直到獲得正等正覺為止。

藉由修持「止」，以及修持部分的「觀」（不是全然的明觀，全然的明觀即是認識心性），而獲得的究竟成就，這是證得阿羅漢的涅槃，而不是證得佛的無住（non-dwelling）正等正覺。我們應該總是渴望達到無住於輪迴和涅槃的正等正覺。

我們也可能達到一種寧靜的持久禪修狀態，但是尚未解脫。這裡有則關於這種情況的故事。有一次，我和父親在某個功德主家中，那個奉茶的人是一個禪修者。當他帶著茶走進門時，他不知何故突然僵住了，茶壺舉在半空中。其中一個男孩想要叫喚他，但是我父親說：「不要叫他，就讓他那樣子，如果他把那壺滾燙的茶打在地上，會弄得一場糊塗，就讓他那樣子吧！」那人站在那裡數個小時。在太陽即將下山時，我父親溫柔地對著那個人的耳朵叫喚他的名字。於是他慢慢地回復知覺。某個人問：「發生了什麼事？」他回答：「什麼意思？發生了什麼事？我正在奉茶。」他們告訴他：「那是今天早上的事情，現在已經是下午了。」他回答：「不，不，是現在，我剛剛才帶著茶走進來。」人們進一步詢問他有什麼樣的覺受。他說：「我沒有任何覺受，它完全是空虛的，沒有什麼要表達或解釋，它完全是寧靜的。」當人們告訴他，他站在那裡數個小時，他感到相當驚訝，因為對他而言，彷彿不覺有任何時間消逝。

在這個背景脈絡之中，「不禪修」即是關鍵重點，這不表示你必須對自己這些年來所投入從事的禪修感到不滿，這種修持是具有利益的，因為它使你的念頭遠比以前少了許多。然而，如果你要繼續追求一種特殊的、了無念頭的心理狀態，那麼這種修持就不具有利益。相反地，你應該讓自己住於遠離任何造作的本然狀態之中，這種非造作的本然狀態是它自己對治念頭或煩惱的解藥。

不在輪迴中昏惑，不住涅槃寂靜中

心是不可思議的，據說它如同如意寶——裝著一切可能事物的寶篋，能夠讓你心想事成。超越寂靜（止）的真實之道在於，每當你體驗到了無念頭和煩惱的寂靜時，去認識那個覺受者——是什麼感覺到寂靜，是什麼在安止。在那個時刻，它變成透明，換句話說，對寂靜（止）的固著瓦解了。

當「止」被摧毀或瓦解時，就有了真正的空性，一種非造作的空性，一種本然的空性。這種本初的空性是無別於報身和化身的法身，它是三身的本質——心性的剎那。「止」以造作染污了三身，三身本身是完全任運的。

我們的熱望應該是：「不在輪迴中昏惑，也不住於涅槃寂靜之中，願我們解脫一切眾生。」藉由認識心性，我們當然能夠離於創造進一步輪迴的煩惱，但是證得了無煩惱的寂靜，不足以超越涅槃。因此，我們要下定決心超越兩者。

我們無法百分之百地確定自己的修行是否走在正確的方向上，而正確的修行純粹只是「三善法」（three excellences）。你總是要記得，不論自己正在從事什麼層次的修行，都要先從皈依和發菩提心開始。你能夠從事多少修行，以及能夠完全離於概念到什麼樣的程度，這些並不重要，只要竭盡所能地修持正行即可。你總是要把功德迴向一切有情眾生，立下清淨的祈願來作為結行。用這三善法來修行，能夠確保你朝著正確的方向前進。

否則，修行者很容易地會以不一定能通往真正解脫的方式來「禪修」。在輪迴之中，有特定的狀態被稱為「無色界」。許多人認為真正的禪修是造成無色界之因，而培養這些，除了會延長修行者在這種狀態的時間之外，沒有別的作用。每當我們刻意地把某件事情記在心中，它就會隨著時間變得越來越容易，因為心養成了這麼做的習慣。最後，我們會認為它是毫不費力的。

人們可以努力而持久地住於空性的想法之上，或只是住於明晰和寂靜的感受之上，然後「證得」這樣的一個狀態，但是由於這個狀態是一個產物，因此它終究會耗盡。你離開無色天界，在那個禪天經過了一段美好而長久的停留之後醒來，發現自己的身體已經在遙遠過去的某個時候死亡。你現在了解到：「我死了，我尚未解脫，而所有這些禪修都是枉然。」在那時，你因為徒勞無功而生起的怨恨，便成為你投生下三道的直接原因。因此，你目前所認為的禪修狀態和修行的發心之間有巨大的差異。

對許多人而言，「止」可以是為無色界做準備的一個途徑，它也可以純粹是一個使心寂靜下來，或想像空性狀態的方法。人們一再地嘗試去使心安靜、寂止下來，並且持續地保有空性的想法，卻不知道持續這種想法的是什麼。我們所需要做的是結合「止」和心性本身的明觀。在這種背景脈絡之中，這樣的「見」（seeing）被稱為「觀」，它完全超越任何住者與被住者，這是「止」與「觀」雙運的時刻。了解這一點是非常重要的。

佛陀本身以禪修的次第來描述修道的發展：

正如同階梯一般，
你應該按部就班、
精進地修持我甚深的教法。
你要循序漸進地走到最後，而不要跳級。

正如同一個幼子，
逐漸地發展他的身體和力量，
我的教法也是如此——
從入門的初階上至圓滿。

有些上師曾經解釋，此處的「圓滿」是指「大圓滿」教法。這段引言也表示，教法取決於領受教法者，因為人有不同種類，可能具有上等、中等或下等根器，而想要利益眾人的佛必須根據他們的程度來施教。一個上師可能想要教授每個人大圓滿的教法，但是唯有每個人都具有最上等的根器，才有可能做到。如果真是如此，那就太棒了，但這是不切實際的。即使連一個正等正覺的佛，都無可避免地要教導九乘次第（nine gradual vehicles）❷，如果傳授不適合人們層次的教法，那是不會有所幫助的。同樣地，你不會

❷寧瑪派把整個佛教教法劃分為九個方面，稱為「九乘」，即聲聞、緣覺、菩薩、事部、行部、瑜伽部、瑪哈瑜伽、阿努瑜伽與大圓滿阿底瑜伽。這也是修行佛法的道次第。

把低層次的教法，傳授給某個具有最上等根器的人。所以，擁有不同層次的九乘教法是不可或缺的。

心和心性從未分離

不可思議！這非造作的、當下的覺醒，
乃是眞正的普賢如來。
即使連一剎那，你都不曾和這普賢如來分離。
在認識這一點的同時，住於本然之中。

這是一首非常重要的偈頌，我將逐行地加以討論。這首偈頌以驚嘆詞「ema」（噯瑪）為起始，意指「不可思議」。第一句是：「這非造作的、當下的覺醒」，在此，用來表達「當下的覺醒」的字詞，相同於用來表達「識」（consciousness）或「心」（mind）的字詞。它純粹是指我們現在所體驗到的事物，我們現在所有的覺受。（仁波切彈指）你們聽到那聲音了，對嗎？這是毫無疑問的。你們聽到了聲音，那是因為在你們的身體之中，有當下的覺醒。此時此刻，有一個心在身體裡，所以我們才有可能透過耳朵來聽聲音。當心（覺醒的品質）離開你的身體時，換句話說，當你的身體變成死屍時，我可以在你的耳朵前彈指一百次，你仍然不會聽到任何聲音。沒有能聽聞的識，沒有對聲音的認知，因為心已經離開了。有所覺受的不是身體，而是此時此刻在這個身體裡的東西，是在這個剎那、在此時此刻，不是在過去和未來，而是在這當下的剎那。

當某個人像我剛才那樣彈指時，聽覺立刻發生。這唯有當下的覺醒才有可能，沒有其他的事物能夠聽到聲音。如同一具屍體那般，耳朵本身無法聽聲音，五大元素等等不會聽聲音，感覺器官本身不會聽聲音，只有心聽聲音。這非造作的（本然的）、當下的覺醒，應該保持其本然的狀態。

我常常舉出一個非常簡單的例子來說明「本然」（naturalness），或許太常了！當樹木生長在山間時，它是自然的，但是如果人們把它砍下來，做成桌子的樣子，那麼它就不再是木材本然的形式。在此，「非造作」（unmade）一詞是指，你讓當下剎那的覺醒保持「如是」的狀態，不去對它動任何手腳，沒有什麼要採納或避免，沒有什麼要執取、接受或排拒，沒有什麼要被檢視。沒有任何希望或恐懼，僅僅讓當下的覺醒保持「如是」的狀態。那是第一句話：「這是非造作的、當下的覺醒。」

第二句：「乃是真正的普賢如來」，普賢如來是完全嫻熟遍存於一切輪迴與涅槃狀態之中的自性，它是你的佛性，無所不在，全然了悟。這真正的普賢如來是了悟你自己當下的覺醒。

第三句：「即使連一剎那，你都不曾和這普賢如來分離。」你從未喪失自性，從來沒有一刻喪失自性。心和心性從未分離，如同太陽和陽光從未分離，這稱為「自生的覺醒」（rangjung yeshe）。佛性如同太陽，陽光則如同有情眾生的心的念頭。

心和心性從未分離，如同太陽和陽光從未分離，如同火與煙一般，同時顯露的智慧和無明也是無別的。我們從未與心性分離，即使連一個剎那都未分離。我們真正的自性是普賢如來——普遍存在於輪迴和涅槃的自性，雖然它一直都存在，但光是知道這一點並沒有幫助，因為我們尚未認識心性，還需要去認識心性。

第四句：「在認識這一點的同時，住於本然之中。」你需要去超越二元分立的智識，超越觀者與被觀者，超越二元分立。此時此刻，我們的智識是一種思考某件事情的行為，而這個本初、自生覺醒的剎那則是了無念頭的。我們需要認識這一點，加以修學，並且讓這種認識達到穩定的狀態。「認識」如同一個嬰兒，他在二十五歲那年長大成人，從嬰兒期開始，他的修學即是去認識心性和持續認識心性，直到他完全嫻熟為止。

不論你是普賢如來或一隻小昆蟲，佛性本身都沒有品質或大小的差異。而造成其中差異的是：有情眾生對佛性無所了知，因此覺察的品質執著於心所體驗到的事物。換句話說，出於無明，昏惑永無止境地一再顯現。

趨向證悟的修道與次第描述了認識心性的穩定程度。我們需要去認識空覺，即這非造作的、當下的覺醒究竟是什麼，讓這當下的覺醒保持如是的、本然的狀態。概括地說，這即是整個教法所在。認識了這當下的覺醒之後，透過非造作的本然加以修學。最後，使這種認識達到穩定的狀態。重複這四句：

不可思議！這非造作的、當下的覺醒，
乃是眞正的普賢如來。
即使連一剎那，你都不曾和這普賢如來分離。
在認識這一點的同時，住於本然之中。

每個有情眾生都是覺察的，如同我們的自性，覺察是不息的，它是心的本質。覺醒時時刻刻都存在，如果我們不去改變覺醒的當下，那麼它即是赤裸裸的心性。過去已經停止，未來尚未到來，而當下沒有被概念化，在我們觀看的那一刻，便看見了當下非造作的覺醒。有時，它被稱為「當下的心」（present mind）、「平常心」（ordinary mind）和「赤裸裸的心」（naked mind）。「平常心」是指心既沒有惡化，也沒有改善。「平常」是指上至普賢如來，下至最微小的昆蟲，一切眾生都具有不息的覺醒。這不息的覺醒即是真正的普賢如來。

本然平常心，圓滿「如是」

我們通常透過希望和恐懼、接受和排拒來造作當下的覺醒。然而，在這個剎那，在你已經認識它的本質之後，你不需要再對它做任何事情。它不是某件必須去保持或維護的事物，因為它本來就是如此。如果我們讓它保持「如是」的狀態，不對它做任何事情，那麼它就超越增進或毀滅。

老實說，不是普賢如來有一個好佛性，一隻昆蟲有一個壞佛性，我們每個人的心都擁有相同品質的佛性。我們是如此徹底而輕易地不相信佛性，大多數的人是如此徹底而輕易地無法相信，光是讓佛性保持「如是」的狀態就足夠了！輪迴與涅槃之間的差異，純粹只是認識佛性與否的問題，在你認識佛性的剎那，沒有什麼比那更單純的了。在見到心性的剎那，你就已經認識了心性，沒有什麼需要去完成的，在那個剎那，甚至連一點點禪修都沒有必要去做。我們需要去觀修和培養「止」，但這空性沒有任何東西需要去觀修。

當然，在認識了心性之後，我們又會失去連續性，心變得散亂，失去連續性，這散亂本身即是迷妄的狀態。觀修佛性，彷彿佛性是一個對境，是充滿概念的心的造作，正是這充滿概念的心使我們持續在輪迴中流轉。

「你當下的覺醒」意指你不再思考過去，也不再規劃未來。過去的念頭已經消失，未來的念頭尚未到來，雖然在當下可能出現一個空隙，但是有情眾生卻持續地把這個縫隙閉合起來，和念頭重新連結，而不是讓這個空隙離於概念。與其急急忙忙地閉合這空隙，我們應該只是住於當下的覺醒之中。本然的平常心是存在的，你不需要做任何事情來展現它。超越過去、現在、未來三時的念頭，是佛經提及「三解脫門」（three gates of emancipation）的根本意義。

在那個時刻，你不需要去對自己當下的覺醒做任何事情，它已經是「如是」了，那是「本然平常心」（naked ordinary mind；藏tamal kyi shepa）的真正意義，在藏語裡，這是一個著名的詞彙。「平常心」意指「不瞎弄、不篡改」（not tempered with），那裡沒有「東西」需要被接受或排拒，它純粹是「如是」。「平常心」一詞是描述心的本質最直接、最貼近的方式。不論中觀、大圓滿或大手印使用什麼樣的專門用語，「本然平常心」是最單純的詞彙，它是描述我們真正自性的最直接方式。它代表沒有什麼需要被接受或排拒，它已經圓滿如是。

切勿往外投射，切勿向內退縮，切勿把你的覺醒放置在這兩者之間的任何一處。不論注意力被導向內或外，都沒有必要把它安置在一個被迫的寂靜狀態之中。我們需要離於三時的念頭，沒有什麼比這個更容易的了。它如同指著虛空，在你指著虛空之前，需要做多少準備？它就像是這樣，那是一個需要「無為」（no doing）的時刻。「心性原本是空虛而無根基的」，了知這一點就足夠了。你當然能夠了知自己的心！

「培養『止』和修學『觀』」如同學習字母，如果不學習字母，我們將永遠無法閱讀或書寫。一旦禪修已經融攝入你本初自性的虛空之中，那麼它就「更容易去看見，更容易去維持」。「更容易去看見」是指認識心性是簡單的；「更容易去維持」是指嫻熟於本然。沒有投射，沒有專注，沒有念頭，習慣於其中的連續性。

簡而言之：「絕不禪修，卻也絕不喪失禪修。」它不是一種像「止」的禪修行為，但是如果你有所遺忘，有所散亂，你就重新落入迷惑之中。絕不禪修，也絕不散亂，當你有所遺忘時，就運用正念，如果沒有這種警覺，老舊的模式會再度掌控。沒有看見心性的老習慣，以及持續不斷地陷入念頭之中，被稱為「黑暗的滲透」。如果沒有警覺，沒有提醒，就沒有什麼會提醒我們去認識心性了。

第五章

轉化煩惱

當我們認識到某種煩惱的本質是空覺時，
我們就不需要去轉化它。
這不是說煩惱必須被轉化成爲空覺，
在本質上，煩惱已經是空覺，
它僅僅是不自知的心所產生出來的活動。

不論煩惱是貪、瞋、痴、慢或疑，解脫這五毒的原則都是相同的。在所有這些情況之中，心的本質一直都是自在無礙的空覺。如果覺察是受限制的，那麼它所有的品質都會受到障蔽。這限制類似了無意識，類似頭部被一根鐵條擊中，唯一的結果是，你昏過去，不省人事。你認識心的剎那，不是一種失去知覺的狀態，但是任何煩惱都無法留存於其中。再一次地，請了解這五毒如何消失的方法之間並沒有任何差異。當你認識無別的空覺時，煩惱消失了，唯一留下的是本初的覺醒。以下是摘自蓮師《智慧心髓次第道》（*Lamrim Yeshe Nyingpo*）的引言：

當執著於貪愛的對境的念頭生起時，
切勿壓制或助長，而要把它釋放進入本然覺察的空性之中。
不執著於大樂，覺受從內在喚醒，
那稱爲「妙觀察智」（discriminating wisdom）。

五毒的本質是五智

當你的心被貪欲推動時，切勿執著於歡悅，只要去認識它的空性即可，住於本然明覺之中。見地是自生的覺醒（self-existing wakefulness），「自生」（self-existing）意指「空虛」，而覺醒則是覺察的品質。這一切眾生都具有的自生覺醒，是過去所有偉大的上師曾經「指出」的事物。認識這自生的覺醒，是修道的基礎；了知這自生的覺醒，能夠解脫貪欲和所有其他的煩惱。

這和努力去避免感受貪欲是不同的，避免貪欲不是那麼容易，因為煩惱確實會生起，而且會在我們的心中移動。其他的道乘有壓制煩惱的技巧，可以幫助你暫時地壓制貪欲，但是你仍然不會看見它的根源——它的本質。舉例來說，在上座部（Theravada）佛教❶的體系之中，你把自己所喜歡的人觀想為一具骷髏或腐爛的屍體，藉由這個負面的意象，你會試著不去喜歡這個人。這個技巧只會暫時發揮作用，它如同築壩攔堵一條充滿髒水的河川，汙泥不會消失，它只是暫時被攔堵起來而沒有被淨化，因為當河水可以再度流動時，它仍然是不淨的。在大圓滿之道中，認識心性即是直接面見無別的三身，其重點在於了知如何認識空覺。五毒的本質是五智❷，壓制五毒的方法不會顯露五

❶上座部（Theravada）佛教又稱為「南傳佛教」、「巴利語佛教」，或「原始佛教」，是至今仍流傳於錫蘭、緬甸、泰國、柬埔寨與寮國的佛教。

❷五智是指佛果智慧的五個面向：（一）法界體性智；（二）大圓鏡智；（三）平等性智；（四）妙觀察智；（五）成所作智。

智。正如同太陽升起時，黑暗無法停駐一般，一旦你認識了心性，任何一種煩惱都無法持續下去。那是了證本初覺醒的時刻，對五毒也是如此。

我們需要去停止使實相變得堅實的凡俗見解，真正做到這一點的唯一途徑，即在於認識大樂的本質是空虛的，不具有任何的堅實，這種認識能夠徹底淨化對大樂的執著，以及對歡樂的貪戀。如果一個人尚未認識心性，那麼至少可以修持本尊、咒語和三摩地等三種清淨的見解。然而，為了真正地圓滿修持，你必須認識心性即是空覺，不論是貪、瞋、痴、慢、疑、貪婪或無明，都是如此。在任何五種、六種或七種煩惱之中，空覺不是我們必須轉化煩惱而成的事物，煩惱的本質已經是這種無別的空覺，它的空虛面向是法身，覺察面向是報身，而這兩者的無別性則是化身。當認識三身的本質時，你不需要去把五毒的本質轉變成為它本來就已經具備的本質。對凡俗有情眾生而言，當他們沒有認識三身的本質時，心性的表現即開展為五毒。事實上，認識心性可以使煩惱消失，這是真實的道路。

輪迴物欲的根源不可避免地牽涉了三毒，而成佛之根本即是面對三身。簡而言之，了知三身為自性之後，我們就證悟了。因為受到三毒的控制，我們才在輪迴中流轉。

貪欲什麼也不是，只是你的心感受到喜愛；瞋怒什麼也不是，只是你的憎惡感受。沒有任何人不有這些感受，包括一切有情眾生，甚至連昆蟲、狗、豬等等，都擁有貪欲，全都想要感受歡悅。貪欲製造輪迴，所以，佛陀教導追隨者應該以出家成為僧尼為首要。貪欲使人過度全神貫注，而無法修持佛法。人們因為輪迴的貪欲而生育子女，如果沒有任何子女，輪迴就會空盡。首先，你尋找一個伴侶，接著你們生兒育女。然後，孩子們需要食物、一個居住的地方和衣物。他們會生病，會需要某種教育，而且是時時讓你感到掛慮和分心的根源。另一方面，如果你是個比丘或尼師，沒有子女，而當你沒有子女時，便不會製造進一步的輪迴焦慮。所以，你有閒暇全心全意地修持佛法。佛陀教導《別解脫經》（*Pratimoksha Sutra*）及其他類似經典的用意，即在於幫助他的追隨者避免許多令他們分心的事物。避免令人分心的事物，他們就不會把從事修行的注意力轉移到他處，這是處理貪欲的外在方式。避免惡行，從事十善業，當然將會帶來更高層次的投生，但是並不保證他們會從輪迴解脫。因此，更高層次的教法是必要的，佛陀於是教導菩薩乘的大乘教法，尤其教導金剛乘的教法。

棄絕、轉變和認識

金剛乘是一條迅捷的道路，因為它教導修行者如何把五毒淨化成為五智。虛空和智慧是五毒的本質，虛空和智慧是描述自在無礙之空覺的另一種方式，而這也是三身的本質。當我們認識到某種煩惱的本質是空覺時（在這個情況下，這種煩惱是指貪欲），我們就不需要去轉化它。這不是說煩惱必須被轉化成為空覺，在本質上，煩惱已經是空覺，它僅僅是不自知的心所產生出來的活動。

佛教教法的三個層次——三乘，都描述處理煩惱的法門：棄絕煩惱，轉化煩惱，以及認識煩惱的本質。在任何層次上，它們從未教導修行者可以在具有煩惱的同時證悟成佛，從來沒有。但是不同道乘處理煩惱的方法卻是不同的。

煩惱常常被比喻為一株有毒的植物。在西藏，有一種含有劇毒的根莖稱為「參毒」（tsenduk），你不必吃太多就會一命嗚呼。在此同時，這種植物也可以被當作藥物，它是最強的毒藥，卻也是最具有療效的藥物。如果我們用「參毒」作為描述煩惱的隱喻，那麼小乘的修行者就會如同某個人了解那植物具有致命的毒性，並且認為不應該再讓它繼續生長，他會把一顆大石頭放在幼嫩的枝芽上，阻擋它的生長，如此它將不會傷害任何人。大乘的修行者會看見那植物的根仍然存在，能夠繼續生長。所以，他會把那株幼嫩的枝芽連根拔除，讓它不會再有繼續生長的起因。但是，金剛乘的修行者認識到這植物的藥用用途，他既不會阻擋它的生長，也不會把它連根拔除，他反而善巧地把它用作治病的藥物。這三個層次被稱為「棄絕、轉變和認識」。

第三個方法是「認識」，這「認識」是奠基於每當你陷入煩惱中時，認識心性的能力之上，也奠基於「煩惱的本質是本初清淨的」這樣的事實之上。當我們認識五毒的本質之後，五毒轉化成為五智。在愚痴的時刻，認識其中的空覺，被稱為「法界體性智」。在瞋怒的時刻，認識其中的清淨本質，被稱為「大圓鏡智」等等。如此，任何煩惱狀態的本淨本質被認識為本初覺醒的面向之一，即五智之一。

在本質上，任何煩惱狀態從一開始就是清淨的。在記得去認識煩惱的本質時，你不需要去壓制煩惱，不需要丟棄它或根除它，它也可以被用作修道。當然，煩惱本身是不淨的，但是它的作用的重大差異取決於我們如何看待煩惱。在金剛乘之中，認識本覺是唯一的對治解藥。念頭是煩惱的基礎，法身是念頭的本質，你需要去認識的是這法身本覺。

再一次地，五智是五毒的本質，我們需要如實地知道它是什麼。為了能夠把毒藥轉化成為藥物，你肯定需要口訣指引，透過它，有情眾生的痛苦可以被轉化成為智慧。《阿底瑜伽》的修道是指去擁有能夠治療一切疾病的萬靈丹。當認識自己的本初狀態時，構成我們的本初狀態的本性、覺察的本質和能力即是三身。

三毒的本質是空虛而不具實體的。事實上，所有的對境——地、水、火、風、空，都是空虛的，它們一直都是空虛的。現在，它們可能看起來是堅實的物質，但是每一件看起來堅實的事物都可以被完全摧毀、焚燒、碎裂，然後再度有虛空。每一件事物都出自空性，也都消融入空性。

被覺知的每一件事物都是空性

當我們認識心性時，一切眾生的心性都等同於三身；當沒有認識心性時，它們被三毒牽著鼻子走。無明是第一個起因，從它開始了永無止境的輪迴。如果我們沒有應用任何道乘的善巧方便，輪迴肯定會繼續下去。因此之故，當我們沒有採用任何法門來對付凡俗的貪欲行為時，這行為只會讓不善的業和障蔽繼續下去，並且讓輪迴繼續下去。沒有人需要去教導一隻狗或豬如何交配，牠們都知之甚詳，看來只有人類需要被教導。所有的動物，甚至連最微小的昆蟲，似乎都自然而然地知道如何交配。

金剛乘非常殊勝珍貴，這是因為它使我們更接近心性，認識這本然的空性是究竟的價值。某些人或許否認本尊的存在，但是事實上，本尊是任運顯現的功德，而這些功德是我們的自性所本具的本初清淨。這是為什麼當我們修持「頓超」法（Toga，大圓滿之法門），或處於死後的中陰狀態時，本尊會顯現的原因。本尊不是無中生有的，根據《阿底瑜伽》的說法，本尊是你們的自性的一部分。《瑪哈瑜伽》（*Maha Yogi*）和《阿努瑜伽》（*Anu Yogi*）教導，本尊住於你的身體之內，如此一來，你的身體就是勝者們（諸佛）的壇城，在死亡的時刻，勝者們即從這個身體顯現。

「被覺知的每一件事物都是空性」這句話也意味著不只大樂是空虛的，所有的覺知都是空虛的。無常也是空性的一個徵相，被覺知者是無常的，但是覺知的心、自生的覺醒卻完全不是無常的。我們的心在本性上是空虛的，在本質上是覺察的，它是無別的空覺，不受無常的約束支配。我們要了解覺知者和被覺知者、覺受和空性之間的差異。心性不是某件能夠消失的事物，佛性的品質永遠是完整的。另一方面，輪迴能夠被摧毀，因為它是無常的。

五大元素和整個世界在本質上是空虛的虛空，虛空本身無法被改變或被摧毀。其他四大元素是顯相，而顯相能夠被摧毀。心是這些顯相的覺知者，而心的本性是空覺，等同三身，這心性不受到業或煩惱的掌控。讓我重新陳述先前提及的偈頌：

話說一切皆空，
但是佛陀之道不會空無三身與智慧。

如果我們的自性空無三身與智慧，那麼證悟將是一場空。被覺知者是無常的，但是本質是空覺的覺知者、三身與智慧卻不是無常的。否則，如果它是無常的，而且我們會再次失去它，那麼追求成佛有什麼用處？

我們可以這麼肯定地說：世界和眾生是空性。在某個時候，整個宇宙將被摧毀，每件事物都會被劫末的巨火所摧毀，甚至連一粒塵埃都不剩。有情眾生的身體、聲音，一切都會消失，但是虛空本身不會被改變或摧毀。然而，虛空沒有本具的品質，不會感覺到痛苦或歡樂，什麼都沒有。一切有情眾生的心性確實擁有許多本具的品質，念頭當然會消失，但是心性是三身，不是某件會消失的事物。當有情眾生死亡時，留下來的意識會繼續下去。在那個情況下，那個意識被稱為「中陰識」，由諸蘊所構成。它不具有色蘊，但是受、想、行、識等其他四蘊仍然存在。

五蘊需要被轉化成為五佛。色蘊應該轉變成為毘盧遮那佛（Vairochana，或大日如來），這唯有在人已經覺醒，已經了證三身的本質時，才有可能達成。事實上，認識自生的覺醒，是證悟的唯一途徑，否則就像其他的有情眾生那樣，沒有真正的證悟之道。這種認識如同一道跨越百川的橋樑，沒有這種認識，即使你的舌頭能夠在一天內吟誦整個三藏（Tripitaka）一百萬遍，你仍然不會證悟。

學生：我們如何供養諸佛和諸護法？我們該怎麼供養？他們是誰？他們來自何處？

仁波切：供養有不同的方式，取決於誰是賓客。我們通常談論四種賓客：第一種是受到敬重的賓客——三寶。第二種在三寶之下，是具格的賓客——護法聖眾。第三種在護法聖眾之下，是可憐的賓客——一切有情眾生。最低層的賓客是障蔽的賓客，即製造障礙的魔眾和我們的冤親債主。

我們用不同的方式來對待這四種賓客。舉例來說，當我們供養飲水給三寶和護法聖眾時，要想像手中所舉起的飲品是一片感官歡悅的巨大汪洋。我們不會把它扔在地上，而是用恭敬的方式獻上，因為他們是具有偉大品質的賓客。但當給予有情眾生或冤親債主時，我們不需要待以巨大的敬重，而是在一個平等的層次上，直截了當地把飲品給予有情眾生；但給予冤親債主的供養，則丟擲在地面上。我們在拿著供養品時，也有特定的方式，當供養地位比自己更高的眾生時，我們的手握著容器的底部。如果眾生的地位與自己相等，我們的手便握著容器的中央。當供養地位比自己低下的眾生時，我們的手握著容器的頂端，甚至把一根手指放在容器裡，然後把它扔到外面。

這些眾生在哪裡呢？智慧尊無別地住於法界的密嚴淨土（Akanishtha），換句話說，這些眾生是無形的，而且不化現。當他們化現時，只要那個呼喚他們的人生起念頭時，他們就會在剎那間顯現。你不必認為，他們位於一個特定的處所，需要從某個方向旅行來到你的面前領受供養。只要憶念他們，他們就會出現在你的面前，你不必去想像他們長相的所有細節。這就像邀請某個人過來一樣，你不必去想像他們穿什麼樣的衣服，他們只是穿著各自特別的服裝前來。就是這樣。

我們也用不同的方式來邀請眾生。在邀請智慧尊時，我們說：「請前來。」在邀請護法和同等地位的眾生時，我們說：「在此聚集。」在邀請地位比我們低下的眾生時，我們說：「來這裡，拿這個！」我們也有不同的態度。舉例來說，在針對護法聖眾所做的「普巴金剛」（Vajra Kilaya）祈願時，你說：「從法界的密嚴淨土，普巴金剛及你無量無邊之護法眷屬，請前來。」這些本尊、智慧護法在哪裡？他們住於法身佛淨土之中，他們位於一個完全不化現的層次。

當然，在對護法所做的不同祈願之中，有不同的細節。有時，儀軌可能會說：「從法身佛淨土的東方，或從密嚴淨土的西方，請前來！」即從不同的方向召集護法。有時，儀軌會指出確切的地點，例如，羅睺羅（Rahula）護法和一髻佛母（Ekajati）有時從一個特定的地理位置被喚請而來，或有時則純粹是「從你本然的住所」（From your natural abode）前來。這「本然的住所」事實上指的是無別於空性的覺性。我們總是從覺性迎請智慧護法前來。

有時，我們必須提及護法們的眾多名號和不同的頭銜，而在念所有這些名號時，就好像在點名般一大長串。「倉（Tsang）的偉大劊子手（Great Slayer），這個和這個的偉大札哈（Great Dralha）」——你可能會重複許多稱號和頭銜。你常常會在護法儀軌裡發現這一點。

學生：「願」（aspiration）的重要性是什麼？

仁波切：立下崇高的願望，並且結合我們的善行，是非常重要的。否則，善業的結果不會在正確的方向下成熟。每當從事善行時，我們應該總是如此發願：「願這善行被用在達到正等正覺之上。願我成為偉大的指引，如同一艘船的船長可以把一切有情眾生渡至彼岸。願我迅速獲致正等正覺，在我成佛之後，願我引導一切有情眾生獲得解脫和覺醒的狀態。」這種願望是相當殊勝珍貴的，它使善業在成熟為轉瞬即逝的歡樂或以善業來通往解脫證悟的兩者之間，產生差異。

我們以這個世界上的許多人道眾生為例。投生為人是從事善業的結果，但是只有非常少數的人有興趣修行，這是因為大多數的人沒有把自己的善行和崇高的願望相結合。另一方面，許多人從遙遠的國度旅行至尼泊爾，他們不是被迫前來納吉寺，甚或被迫前來東方。他們為什麼要花費金錢，歷盡艱辛地長途跋涉至此呢？這是因為他們過去的善業結合了清淨的願望，正是那些願望的力量把他們一路帶來這裡領受教法。否則，就沒有必要前來，因為前來這裡只不過是一大麻煩。因此，你看見了兩者之間的差異：這個世界上無數的眾生，以及極少數人使用這人身來追求修行的道路。據說，後者寥若晨星。

清淨的願望非常殊勝，非常稀有。當然，如果你能夠日日夜夜，把所有的時間用在持續認識佛性之上，那是最好的。如此，你肯定能夠在一世之內獲致正等正覺，但是要這麼做並不容易。如果你無法如此修行，至少把你所有善的努力（所有的佛法修持），和清淨的發願結合。如果你做到這一點，便可以確定，至少在之後的生生世世之中，你將會和佛法結緣，並且能夠進一步地修行，你遲早會獲致正等正覺。這點非常重要。

我們絕對不應該像某些人一樣，只短暫地對佛法產生興趣，在沒有立即發生什麼特別的事情之後，就放棄佛法。或是像某些人對佛法產生興趣，然後放棄佛法，從事一點點修行，又再度放棄佛法。相反地，我們應該時時以穩定的進度修持佛法。我們要有這樣的決心：「我永遠不會放棄修行！我或許不會非常快速地進展，但是我永遠不會退轉！」

我們皈依的對象三寶，永遠不會讓你失望。如果你信任佛、法、僧，我可以向你保證，你永遠不會受到矇騙，不會在今生受到矇騙，不會在中陰受到矇騙，也不會在來生受到矇騙。

佛陀是正等正覺者；而佛法是佛經的教法，是佛陀的開示；真正的僧伽是在十地的聖眾，是菩薩，包括已經證得解脫的阿羅漢。也有所謂的「類僧伽」（resembling sangha），任何已剃度、身穿紅披肩和紅裙者，都屬於此類。雖然這些僧伽或許沒有證悟，或許沒有任何特別的品質，但是因為他們類似於僧伽，因此敬重這樣的人，仍然會帶來加持。另一方面，聖僧伽是極為重要的，他們可以藉由傳播教法而維繫延續諸佛的傳承。如果一對夫婦沒有子女，家族世系就因此失傳；如果沒有聖僧伽，諸佛的家族世系就會滅絕。

我要逗一逗你們。佛陀說：「只要心繼續忙碌，道乘的數量就不會終盡。」念頭是心的活動，因此只要我們繼續有念頭，就永遠會有問題。於是這些問題的答案便是：道乘的教法沒有終盡的時候。修行是最重要的，我們要了知「解脫一切的那一件事物」，而那一件事物即是心性的修持。這是最重要的一件事情。

第六章

佛陀的供養

法身普賢如來是老父親，
老母親被稱爲「法身母」，
一切諸佛和有情眾生都是這對夫婦的子女，
但是這對夫婦不是眞正的實體，而是無礙之空覺。

為了延長認識佛性的時刻，我們需要越來越習慣於佛性，我們並不需要做任何事情來維持兩個念頭之間的狀態，以增長這種習慣。認識佛性不是一件我們可以緊抓著不放和加以維繫的「事情」，讓兩個念頭之間的間隔持續下去的唯一途徑，是在於透過非造作的本然，這即是「短時、多次」（short moments, many times）的意義。如果試圖延長認識佛性的剎那，這只會導致一種充滿概念的心的狀態，但短暫的剎那是離於充滿概念心的。藉由重複這短暫的剎那許多次，我們就習慣了佛性——我們養成習慣，越來越習慣於佛性。

認識佛性，越來越習慣佛性

「rangjung」意指自生的覺醒。「rangjung」（自生）這個字眼意指它不是努力得來的結果，也不是我們努力去做某一件事情，然後突然之間就有了這個自生的覺醒。「yeshe」（覺醒）這個字眼是指覺醒的本初狀態從未喪失，從未散亂。它不會出現或消失，不論你是已經了證這本覺狀態的佛，或是尚未了證這本覺狀態的有情眾生，它都是一模一樣的本初狀態。不論我們是否認識它，它一直都是我們的本初自性，而不是一個造作出來的本體。

身為有情眾生，佛性受到希望和恐懼的掌控，心的狀態是散亂、造作和騷動的。在成佛的狀態之中，這非造作的本質是自生的，而在這個情況下，覺醒是非散亂的。有情眾生已經落入散亂之中，並且受到充滿概念的念頭所控制。我們已經習慣這散亂的「負面禪修」，而不知道自己的心是散亂的，或不知道自己正在造作，我們生生世世都在做這樣的事情。一旦上師對你「指出」這本初自性，一旦你認識心是非造作的本然，你就會明白這些字的含意。

非造作的本然不是你「做」的某件事情，即使它聽起來像是你「住於」本然之中，或是你「避免」造作。當聽到這些字眼時，我們的串習和障蔽讓它聽起來像維持本然狀態是我們應該「做」的事情，但是事實上，它是相反的，我們什麼也不做。

藉由重複地住於非造作的本然狀態之中，它變得自動自發。不要認為在兩個念頭之間有一個長久的時刻，而你需要去確定和擁有這個時刻，那就不會是自動自發的，那是造作的。與其增長你對佛性的認識，相反地，你只要完全地保持自在輕安即可。這是自生的覺醒要去習慣它本身的問題，不要試圖去維持本然的狀態，隨著你越來越熟悉這種狀態，就會自然到這樣的結果——這種本然狀態將會自行維持，切勿使心落入散亂之中。要「短時、多次」。

如果不重複對心性的認識，我們就永遠不會習慣心性。「短時」確保它是真實的、正統的本然，對初學者而言，對真正本然狀態的認識不會維持超過一個短暫的剎那；「多次」意指我們需要越來越熟悉這種狀態。這是根據龍欽．冉江（Longchen Rabjam，龍欽巴）所說如何來修持的關鍵重點。龍欽．冉江《七寶藏》（Seven Treasures）的精髓可以用這句話來捕捉：「短時、多次。」與其在一天之中，只有幾次長時間的禪坐，倒不如在一整天當中，一再重複地從事短時間的禪坐。如果我們試著去長時間地維持本然的狀態，那麼將不可避免地會落入充滿概念的心之狀態，而產生這樣的感受：「我必須『做』這個，我必須『保持』本然，現在我『必不得』造作」——這些想法總是混雜了一種概念的心態。

虛空是心性的一個例子，因為虛空是非造作的，但是心性並不完全像虛空，因為在虛空之中無法思惟，虛空沒有了知。我們的心是覺察的空性——如虛空般空虛，但是卻有一種本然的了知，當認識心性時，我們就看見了這種覺察與空性的雙運。它是立即的，如同我先前提及以手指指向半空的例子。你不需要等著舉起手臂，才讓手指頭碰觸虛空，你已經在碰觸虛空了，而且時時刻刻都在碰觸虛空。你不需要把手向前移動，你和虛空的接觸已經在發生了，你整個人生都在和虛空接觸。你唯一要做的，是去認識它正在發生，心性也是如此。首先，記得要按照上師所給予的口訣指引來認識心性，在那時，在那第一個剎那，你會看見「沒有什麼要看」。不幸的是，我們通常不信任這一點，這是為什麼這短暫的剎那缺乏穩定性的原因。相反地，我們透過充滿概念的念頭製造了疑慮，我們納悶：「這是它嗎？」或「或許不是？」

當短暫的剎那重複多次時，對心性的認識變得自動自發，它本身會變得穩定。任何禪修的行為都是充滿概念的活動，這正是我們「無為」的修持。最重要的是，在認識心性的剎那，我們要放鬆，要放下。然後，當這種認識消失時，我們可以再加以重複。

讓心保持任運的本然狀態

我們所要努力修學的事物，不是建構出來的，它不是透過修行所造作出來的。藉由如此的修學，我們對本然狀態所產生的明覺變得連續不斷。我們本具的自生覺醒狀態通常因為心散亂而有所中斷。二元分立的心如同納吉寺的電流，它不是連續不斷的，它一再地因為電力切斷、電力減負荷（load-shedding）等等原因而中斷。但是本覺卻如同一條河川的流動般持續不斷，它的自生本質如同一顆天然的寶石。本覺如同這裡的玻璃窗，不會遮擋光線，而且是完全開放而透明的。一般而言，思惟的心是受到障蔽的，當一個念頭消失時，你所想的任何事物也隨之消失，它每個剎那都受到中斷。

當我們實際上無別於本覺時，即使只有一剎那的時間，正是因為我們對此欠缺了知，而產生「了悟這種狀態」和「對這種狀態一無所知」的區別。在此，我們可以談一談兩個面向：本具的覺醒和本具的無明。本覺是心性，因此本覺是心本具的，每一件其他的事物（每一個輪迴狀態）都是多餘的、外來的。任何一個佛的了證狀態，都如同你的手心，當你完全了證自生的覺醒時，便可以看見過去、現在、未來三世，如同看見掌紋般清晰；輪迴則如同你的手背，一點也不明顯。無明或覺醒如同同一隻手的手心和手背般，不離彼此。有情眾生和諸佛沒有兩種心，它們是同一隻手的手心和手背。有情眾生和諸佛共享同一個心，只不過一個是了知的，一個是無明的。當有所了知時，諸佛所有的本具功德都會全然展現。這如同太陽照耀，或如同電燈開啟，突然之間沒有黑暗，我們可以清楚地看見一切。身為有情眾生，我們陷入無明和充滿概念的思惟之中，本初狀態溜走了。在那時，我們對自性的欠缺了知，以及繼此之後所產生充滿概念的思惟，障蔽了這本覺的本初狀態。「無明」意指我們所知不多，即使努力嘗試，我們仍然無法知道明天會發生什麼事情，也不知道其他地方正發生什麼事情。另一方面，諸佛則具有完全的神通。

在剛開始時，我們試著透過安頓自己的心來接近本然狀態，否則，想東想西的強烈負面串習讓我們的注意力非常忙碌，因而生起許多不同的念頭。所以，放下、放鬆和徹底的安頓是起點。然而，這是一種心的活動，因為安頓念頭是努力去保持寂靜，住於一種特定的狀態之中。在念頭生起、停留和消失之間，我們努力去保持放鬆和安住的品質。那需要努力，因此那不是一種毫不費力的、任運的本然狀態。

本初狀態不需要我們製造任何事物來達到「如是」的境界，努力去保持心的止寂和平靜的這種行為，不是本然的狀態，它是在努力創造一種寂靜的狀態。在此同時，這麼做是有幫助的，因為當心變得更平靜、安寧時，它更容易去認識是什麼感覺到平靜，是什麼保持止寂。當認識到止寂者（abider）不具實體的本質時，我們就變得離於止寂（abiding），這即是「觀」的面向。「止」的止寂品質是重要的，它使你變得更穩定，心的活動變得越來越少。藉由修持「止」，它變得更容易去認識，更容易去維持。

當你的心（注意力）不是那麼忙碌時，可以看見心不是一個本體，這種「看見」是「觀」的面向。「觀」意指清楚地看見，你清楚地看見沒有止於寂靜的本體。「觀」不像「止」，它的品質不需要任何努力，它是你的心了知和覺醒的面向，它完全是透明的，具有許多美好的品質。本覺離於生、住、滅，如果試圖去保持心的止寂，即是造作。「止」讓心忙碌，由於是心的造作讓我們繼續在輪迴中流轉，因此心需要空閒下來，讓心保持無為。在心性之中，心是無生、無住和無滅的。

本然狀態存在於我們之中

我們需要上師指引自生的空覺，然後加以認識和修持，換句話說，自生的空覺不是一個產品。我們不需要把心性變得空虛，它已經是空虛的了；也不需要把自性變得覺察，它已經是覺察的了。空虛與覺察這兩種品質是無別的，是自生的，它們一直都是如此，它們不是什麼新鮮的事物。空覺是一種從未喪失的本初狀態，它僅僅需要我們去了知。我們需要去了知自生的空覺——「了知」本身是空覺，否則，我們只會體驗到一般有情眾生的狀態，這種狀態也是空虛與覺察的，也是自生的，但是卻沒有了知它是空覺與自生的。身為有情眾生，我們對心真正的本質一無所知，對真正的空覺一無所知。

因為如此，我們一再地陷入心透過五根而對外在的五塵所產生的執著之中，並且透過那種連結而製造了念頭和煩惱，如此一來，輪迴便持續不斷。我們因為沒有了知而昏亂迷惑，這如同我們陷入魔術師虛幻的表演之中。

瑜伽士不需要持續製造更多這種輪迴的迷妄，他在一剎那間認識三身：即如法身的空虛品質，如報身的覺察品質，以及如化身的無礙品質。上師指出心性的結果是，我們認識心性是空虛的、覺察的、自生的和遍知的。這是認識心性的真正修持，空覺卻無知的心，則繼續在輪迴中流轉。

關鍵重點在於，在上師指出心性，我們認識心性之後，不要對那種本然狀態「做」任何事情。我們不需要去嘗試改善空覺，也不需要費勁去改正空覺。事實上，我們不需要做任何事情去讓自己的心變得空虛而覺察，它不需要任何的努力。這「無為」本身即是一種修持，它相反於我們慣常的習慣。不要改正這空覺，空覺是我們的本然狀態，那是我們去覺受的方式，而這也正是有情眾生不做的事情。相反地，有情眾生總是障蔽自己，總是試著去改變本然的狀態，或創造一種經過修改的狀態，他們總是透過希望和恐懼、接受和排拒來做這件事情。

諸佛和有情眾生的差異在於，有情眾生忙碌於造作，我們自生的覺醒被改變、被造作，它變成是造作出來的。只要它繼續如此，我們將會繼續在輪迴中流轉；相反地，我們需要認識心性。此時此刻，我正在對你們解釋這一點，如此你們就會了解這是怎麼一回事。你們的下一步是去覺受，光是對心性有智識上的了解是不夠的，你需要實際去品嚐它，最後了證它。如此修持，直到它變得持續不斷為止。

上師對我們指出空虛的品質，而認識空虛的品質即是自生的覺醒。這非造作的覺醒即是了知，每個人都具有這種潛能。你的本性是空虛的，本質是覺察，如同熱是火的本質。心性是空虛的，但是能夠了知卻是它的本質，它的本質是本然的覺察，這兩個面向結合成為空覺，了解這一點非常重要。否則，我們可能會認為，證悟的狀態是需要去製造和達成的事情——上師會把它送給我們，或經過多年的修行之後，我們就會生產出這種狀態。它不是如此，這件事的核心在於你們的心是否散亂而不了知當下的覺醒，或不散亂而了知當下的覺醒。散亂是有情眾生，不散亂是佛。不散亂是認識心性，認識心性不需費力，它是任運而毫不費力的。

陽光照耀的虛空是形容我們真正本初狀態的好比喻，虛空是空虛的，不是任何人所製造出來的。在此同時，太陽總是在天空上照耀，我們或許無法從自己所在之處直接看見太陽，太陽雖然看似已經消失，但是它尚未離開虛空。太陽不會到一個沒有虛空的地方，它從未離開廣大的天空，太陽和天空是無別的。這是描述三身，也就是我們的本初狀態的極佳例子。虛空的空虛品質是法身，陽光是報身，而這兩者的無別是化身，三身即是我們的心性，這是從未與我們分離的三身。當我們認識這是「如是」時，即是自性身，這種認識是已經證得三身之一切諸佛獨有的特徵。這如同有陽光時，黑暗無法停留，或如同一根頭髮無法在火焰中留存，當我們認識心性時，業與煩惱就無法留存，這都是認識自生覺醒的例子。本然狀態存在於我們之中，這純粹是認識這狀態的問題。

斬斷充滿概念的思惟

有情眾生追隨念頭，並且追逐外在的對境，他們內在覺知的心迷失在外在被覺知的對境之中。在主體與客體之間，他們有五種感官（五根）。當我們死亡，脫離肉身之後，我們經歷中陰，由於五根串習的力量，我們彷彿擁有一個具備了五根的身體。由於這充滿概念的心的力量，我們投生輪迴六道之中。

藉由追求堅實的對境，我們把未來的輪迴狀態創造成為四種投生的地點（四生），在那裡，覺知的心變成旅人，從一世旅行至另一世，它本身是一個持續不斷的過程。這四種投生分別是化生、胎生、卵生和濕生。

當諸如濕與熱等條件聚合時，各種不同的昆蟲就出現了，牠們看起來好像沒有父親或母親。小時候，我居住在一個池塘附近，比丘和尼師在從事三年閉關之前，會把他們剪下來的頭髮丟進這個池塘裡。幾個星期之後，我前往池塘去看，那些頭髮充滿了各種大小和種類的蟲。在那時，我以為那些蟲是從頭髮長出來的，但事實上，它們出自濕與熱的結合，也就是四種投生之一的濕生，如此而有了無數的有情眾生。這些無可計數的蟲和昆蟲，每一個都具有佛性，牠們都有心，能感受痛苦、歡悅，如果牠們能夠領受教法，並且圓滿修持，牠們就會成佛。但是如果牠們無法領受教法和修行，如果牠們的空覺充滿無知，那麼牠們將會因為惡行而繼續留在輪迴之中。輪迴真的永無止境。

簡而言之，在我們的心性之中，有自生覺醒之三身。當我們沒有受到充滿概念的思惟所控制時，這一點會是明顯的。諸佛、菩薩在念頭生起的那一刻，就已經斷斷了念頭，斬斷了充滿概念的思惟，並且獲得穩定力。它如同《法界藏》裡的一句話：

本初自性如同明燦的太陽，
原本是明亮而無生的。

我們的本初自性是無礙的，所有輪迴的狀態都是由心的執著所造。當陷入執著於被覺知者和覺知者的二元分立之中，我們成為有情眾生。正是因為執著於外在的對境，我們投生成為六道輪迴的有情眾生。執著的心是充滿概念的思惟，此時此刻，藉由修行，讓心保持非造作、非改變，了無概念、恐懼和希望，我們抵達了本初自性的這個起點。了無念頭，即能夠讓我們不離本然的明光。平等性智是我們本然的明光，是我們離於接受和排拒、離於希望和恐懼的本初覺醒。我們不能讓錯綜複雜束縛了單純簡樸，即使我現在有點東說一點、西說一點，但是請了解這個重點。

我們必須開始認識心性的修持，這個修持不完全和保持心的寂靜相同。修持「止」的空性需要努力，「止」是一種試著去治療焦躁不安的心理活動的修持，究竟而言，現象（諸法）沒有生、住、滅。「止」的修行是努力去安住在某件事物之上，而在此修行上達到某種成就是可能的。除非修行者有一個適當的引導者，否則這時修行者可能會慶幸地說：「哇！我可以保持止寂這麼長一段時間。我沒有念頭、煩惱，甚至擁有神通，我可以看見明天將會發生什麼事情，可以看見其他地方發生什麼事情。現在我真的有所成就了！」「止」能夠得出一種淺表的神通和神通智。在那時，修行者可能會認為自己是一個不可思議的偉大行者，並且認為自己已經達到了一個相當高深的修行層次。他或許會認為：「沒有人達到如我這般高深的境界。」他甚至或許會認為：「我證悟了！」

著迷於短暫的成就不是真正的了悟，因為保持止寂不是「如是」的本然狀態。我們的本初狀態超越生、住和滅，你無法說自生的、空覺的、充滿了知的佛性是從隨便一個地方生起，或停駐在任何一個地方，也無法說佛性已滅，或消失在任何一個地方。然而，在此同時，佛性彷彿是從任何一個地方出現，彷彿進入這個身體，彷彿居住在身體裡，雖然你無法用手指指出佛性在身體的哪一個部位，是在腦部、在心臟裡或在指尖上，它感覺像是不論你碰觸到哪裡，都會有所感覺。有一種了知的品質，但是你無法完全準確地加以定位。同樣地，你無法說它會滅，即使當我們死亡時，它看起來像是滅的。一部密續說道：「雖然一切諸佛之佛性都超越生、住、滅，但是它看起來好像有生、住、滅。」如果你們有特別的問題，現在可以提出來。

問與答

學生：請您解釋輪迴與涅槃之間的界限是什麼，我們不是正處於這界限上嗎？

仁波切：簡而言之，輪迴是六道眾生，涅槃是一切諸佛和一切淨土。我們的狀態是痛苦的，而涅槃的狀態則是解脫痛苦的，佛性平等而普遍地存在於輪迴和涅槃這兩個狀態之中。清淨的佛性是三身展現的方式，金剛身是不變的面向，金剛語是無礙的面向，金剛意是無妄的品質。在痛苦的狀態之中，我們把這三金剛體驗為三毒。

事實上，諸佛的三身遍及輪迴和涅槃之中，它們完整地存在於我們的佛性中。有情眾生凡俗的身、語、意，是不變身、無礙語和無妄意的表達或映現，它們如同諸佛的表現，如同太陽散放出來的光芒。有情眾生甚至連一剎那都未曾與諸佛分離。

然而，有情眾生因為迷惑而在輪迴中流轉。基本上，它的區別在於迷妄的有情眾生和無妄的諸佛。如果我們睡覺，就會做夢；如果不睡覺，就不會做夢。身為有情眾生，我們尚未斬斷這大覺。由於諸佛從未睡覺，因此他們不做夢，諸佛是無妄而覺醒的，而我們是迷妄的，當我們睡覺時，便做著各式各樣充滿概念思惟的夢。

佛性（三身）普遍存在於輪迴與涅槃、諸佛與眾生之中，法身如同虛空，報身如同陽光，化身如同彩虹，三者彼此相互依存，全都以虛空這個面向為基礎。如果沒有虛空，太陽如何能夠照耀？如果沒有太陽，怎麼會有彩虹？三身可以被視為外在的，但是當我們認識心性時，三身則是內在的。我們從來不會把心性視為一件「事物」，從未有人看見自己的心，因為心不是一個可以被看見的東西，它是法身的品質。我們所有的空虛、無實體的心性也是覺察的，這是報身的品質。而空虛和覺察兩者是無別的，這是化身。因此，法身、報身和化身是一體的，在有情眾生的心中，三身是完整的，即使有情眾生對此一無所知。

基本上，輪迴與涅槃的界限在於了知和不了知之間。當有所了知時，它是涅槃；當不了知時，它是輪迴。我們要了知什麼？即了知我們的自性是空虛與覺察的雙運，了知諸佛的三身不在外面，而是完整存在於心性之中——你自己的心之中。認識和了知這一點，即是涅槃；不知道如何去認識佛之三身存在於我們之中，即是無知，即是輪迴。

舉例來說，當我們透過眼睛看到一個美麗的物品時，我們喜歡這物品，對不對？如果看見一個醜陋的物品，我們就不喜歡它，對嗎？當一個東西是中性的，既不美也不醜時，我們便會不在乎它，對它漠不關心，這即是二元分立的心運作的方式。同樣地，如果聽到一個甜美的聲音，我們便會喜歡它，這種喜歡是貪欲、是執著。如果它是刺耳的聲音，我們便會不喜歡它，這是瞋怒。介於這兩者之間的聲音，我們不在乎，基本上會忽略它，這是愚痴。無明的有情眾生總是陷入貪、瞋、痴三毒之中。

與其讓三毒繼續存在，我們要認識自己的心，了知心性也稱為本覺。此時此刻，我們正處於輪迴與涅槃的分界點上。我們準備好去了知，即是諸佛之道。一直到現在，身為有情眾生，我們一再地無所了知，這是無明。與其停留在無明之中，我們需要去認識了知的狀態。

我不會詳細解釋這兩種狀態，因為已有好幾百函的法本解釋不淨的輪迴狀態。除此之外，只要去想一想關於醫學、科學、建築、工程、汽車、飛機、法律等等所有現存的書籍？這是輪迴的老故事。當你死亡的那一刻，這些書籍對你完全沒有幫助，它們甚至連一丁點協助都提供不上。把這些書籍帶著走，只會構成你的負擔。關於涅槃的佛經也有好幾百函，例如《甘珠爾》（*Kangyur*）和《丹珠爾》（*Tengyur*）等等。當你把所有這些佛經精簡濃縮時，它們的重點即在於：認識你的自性。就是如此，這是數千個字句的精華。

如果想要完全了解三藏和所有論著的內容，即使你日日夜夜研讀，花上一百年的時間都不夠。即使有人能夠花這麼長的時間來研讀，但也沒有人能夠記得涅槃之清淨面向的所有這些細節。最好「了知一，盡解脫」（know the one thing that liberates all），並且認識你的心性。看見「沒有要去看見的事物」，即是法身；看見這一點的了知品質，即是報身；看見這兩者無分無別，即是化身。有什麼比這更容易的呢？你能夠找到比這更簡單的事物嗎？這即是所謂的「了知一，盡解脫」。如果你知道這一點，那麼知道這一點本身即是成佛之道的基礎。

在這個世界上，你可以像篩麵粉那樣仔細審視所有的教法到最微小的細節，你不會發現有任何一個更勝於此的教法。仔細地檢視這個世界上的萬事萬物，檢視這世界上的每一件事物，你將不會找到任何其他比這個更深奧的忠告。這是過去一切諸佛所遵循的道路，是現在一切諸佛所行走的道路，未來的一切諸佛也將走上這條道路，這條道路即所謂偉大的「法身母」。這個名稱聽起來像是一個老婦人，對不對？過去所有的佛子從這位老母親身上出生，現在所有的佛子正從它身上出生，未來所有的佛子也將從它身上出生。法身普賢如來是老父親，老母親被稱為「法身母」，一切諸佛和有情眾生都是這對夫婦的子女，但是這對夫婦不是真正的實體，而是無礙之空覺。這空虛的品質是普賢佛母——法身母，也是為人所知的金剛亥母（Vajra Varahi）❶或空行度母（Jetsun Tara，或「傑尊度母」）；覺察的品質是法身佛普賢如來，也就是金剛持或金剛薩埵，它是我們的老父親，六道輪迴之有情眾生全都是他們的子女。

不幸的是，我們沒有留在母親和父親的身邊；相反地，我們偏離進入中陰狀態和六道輪迴之中。一直到現在，我們陷入三毒之中，在輪迴的三界中流轉，而和自己的老父、老母完全失聯。如果你想要和真正的父母在一起，那麼你就要進入認識空覺的道路中。如果你想要回歸本初自性，那麼你手邊有大手印、大圓滿和大中觀等三種偉大的見地，以及般若波羅蜜多的見地，這些都是你需要進入的修道。

有時，人們納悶為什麼不是只有一條道路，為什麼必須要有數條道路。這就如同從西、南、北或東方四個不同的方向走到菩提迦耶一般。如果你繼續從這四個方向的任何一個方向旅行，你所達到的地方仍然是菩提迦耶，仍然是同一個目的地。只有一個成佛狀態，只有一個覺醒狀態，只有一個究竟的目的地。在西藏，我們有噶舉派、薩迦派等等，因此人們或許會認為，有一種噶舉的證悟，或薩迦的證悟，或格魯、寧瑪的證悟。事實上，沒有這些不同的證悟，成佛的真正本質即是充滿了知的無別空覺，這是你心的本初自性。對於薩迦派、格魯派、寧瑪派或噶舉派的追隨者來說，它們都是相同的，全都必須進入證悟之道。沒有各種不同種類的證悟，它們純粹是不同的字眼，但有著相同的意義。

相同的意義是：認識心性。這是如此簡明，如此容易，但是有情眾生不信任它。相反地，他們拖著自己從事無意義的活動，持續地創造自己的痛苦。在出生時，有出生的痛苦；然後有生病、衰老、死亡的痛苦；在死亡後，又經歷無助地迷失在中陰的痛苦。在中陰之後，如果投生下三道之中的一道，我們甚至不會有一剎那的歡樂。我們現在可能相當明白這一點，但我們不是仍然在愚弄自己嗎？

我的教法不是難以理解的，它真正的問題在於：我們真的膽敢信任佛陀的教法嗎？當往上看時，我們沒有看見任何的佛土或天道。這是否表示它們不存在？如果往地裡看，我們沒有看見任何下三道。這是否表示它們不存在？如果我們使用自己無明的輪迴狀態來作為什麼是真、什麼是假、什麼是可能、什麼是不可能的可靠測量方法，那麼不會有什麼結果。幸運的是，我們所有的比這更多。是否有任何人從淨土回來？是否有任何人從下三道回來？答案是肯定的！佛陀清晰地看見和體驗所有這些事情。作為佛道上的修行者，我們不能只依賴或完全依賴用眼睛和耳朵所體驗的事物。我們也必須依止佛陀的話語，否則我們不會有什麼結果。老實說，我們沒有太多其他的選擇。

然而，我們仍然不完全信任佛陀的話語。某些人說：「我尚未決定要遵循什麼道路，我需要去想一想。」如果我們能夠百分之百地自己去想，然後遵循自己的信念，那麼為什麼一切有情眾生不會證悟呢？「我會慢慢來，我會慢慢想。」佛陀已經把每一件事情想得非常清楚了。由於佛陀具有神通和無礙的智慧，那應該就足夠了。

❶金剛亥母（Vajra Varahi）又稱「金剛瑜伽女」，是表示眾生本有般若波羅蜜多自性的佛母，有多種傳承與身形。

如果我們不遵循佛陀所說的話語，反而要自己理出每一件事情的頭緒，那麼我們應該要有這麼做的能力。但是不幸的，我們沒有這樣的能力。佛陀的教法確鑿可靠，如果想要藉由仔細檢查來確定每一件事情，那麼我們會花上許多年的時間。如果我們最後決定佛陀的教法值得信賴，那麼接下來要尋找一個合格的老師，並且開始跟著老師學習。到了那時，我們可能已經耗盡了半輩子，可能發現自己已經五十歲了。

假設我們活到一百歲，那麼我們的半生就會這麼消逝。在剩下的半生之中，我們會把一半的時間花在睡覺上，當時間快要用完時，就變得更困難。我們可以發出這樣的懇請：「請讓我擁有稍微長一點的壽命，因為現在我想要修持佛法。」此外，我們也祈願身體健康：「從現在開始，我不想要生病，如此就會有更多的時間修行。」不幸的是，我們的人生不會聽話。一旦我們開始生病，或飽受嚴重疾病的痛苦，修行就變成下一件不可能完成的事情，我們會覺得自己沒有任何機會。這如同巴楚（Paltrül）仁波切所說的：「當我們年幼時，我們受到其他人的控制而無法修行。當成人時，我們追逐令人嚮往的事物而無法修行。現在我們衰老了，體力消失了，我們無法修行。哎呀，哎呀，怎麼辦？」

我們如同來到一座滿是珠寶的島嶼的航海者，只是把雙手抱胸，站在那裡什麼也不做，自己珍貴的人身最後將會被留在身後。我們將會乾淨俐落地離開這個人生，如同一根從奶油中抽出的毛髮般什麼也不沾留。在中陰，我們完全無法選擇自己的去處，將繼續像這樣地在輪迴中流轉，這個情況肯定會百分之百地發生。除非你修行，否則在這個世界上，你絕對無法做任何事情來避免陷入輪迴。

二元分立的心製造了不善業，無一例外地，我們所有的每一個念頭都混雜了三毒。正如同毒藥一般，當我們吃下毒藥時，便會死亡；當接納這三種有毒的煩惱時，我們就失去了解脫的人生，甚至沒有注意到，自己的心充滿了製造惡業的三毒。我們的心是三毒的主人，身體和語言則是僕人，我們實行三毒所下的命令，繼續在輪迴中流轉，繼續背離作為一切輪迴與涅槃基礎的三身，製造了墮入下三道之因。

第七章

勝者的迅捷之道

所有不同的經典和密續教法或許有許多細節，但是究竟而言，這些教法都只關乎一個要點，也就是充滿了知的無別空覺。

學生：我們如何能夠精進不懈？

仁波切：在認識心性的背景脈絡之中，精進不懈應該如同一條不間斷流動的河流。恆河可曾有一秒鐘不流動？沒有，當然沒有。它是穩定而不間斷的流水，沒有人把流水往下推或拉下河床，它純粹流動著。當然，有多少水流經而有不同的水量和強度，但是河川的基本流動卻從未間斷。另一個例子是緊繃的弓弦的不變性，一旦你彎曲一把弓，讓弓弦緊繃之後，它不會有時變得比較緊，有時變得比較鬆，它會保持均等的張力。

我們應該擁有這種穩定的精進不懈，如此一來，就不會在奮力驅策自己和完全放棄之間搖擺。我們如何能夠精進而不動搖？如果我們修持所謂的「不散亂的非禪修」，就可能會擁有這種穩定的精進不懈。「不散亂」意指不遺忘；「非禪修」意指不造作、不想像。穩定或持續性來自不散亂，那不是我們必須強迫自己去做的事情，因為它是「非禪修」；就刻意的禪修而言，這是「無為」的。這是重點：不散亂的非禪修，即是在沒有禪修時，保持不散亂，如此修持。如果你如此修持，到了某個時候，修持將會變成像是一條穩定而不間斷流動的河流。

「認識」一詞的字義是直接遇見你的自性。我們相當強調「認識」，因為沒有認識自性，你將會永遠陷入念頭之中，不論你是憎惡它、喜愛它或對它漠不關心。對有情眾生而言，陷入念頭是無間的，它持續不息，如同一條充滿泥濘的大河。這「黑暗的滲透」（black difussion）是日日夜夜不停息的追逐，當注意力無知於其本身的追逐，便會陷入貪、瞋、痴三毒之一。這種情況持續不斷，沒有任何的休息中斷。然而，在所有的過程中，那個被束縛的念頭，其實一直都具有空覺的本性。那原本是本具的三身。然而，只要不了知我們的本初自性，恆常的「黑暗的滲透」就是有情眾生的一般狀態。幸運的是，我們有可能認識這本初自性，因為本初自性的本然面貌從未喪失。我們不一定會永遠陷入這「黑暗的滲透」之中，如果沒有佛性，你將沒有機會。

當不認識本初自性時，我們便追逐念頭的尾巴。換句話說，每當有東西冒出來時，我們立刻陷入其中，甚至連一秒鐘都不猶豫。當另一件事物出現時，我們追逐它，同樣地，也追逐第三件和第四件事物，在這之間沒有任何休息中斷，這是因為兩個大惡棍——俱生無明（coemergent ignorance）和遍計無明（conceptual ignorance）兩種無明。俱生無明這個大魔羅，純粹是指我們忘記自己本然的狀態；遍計無明是指在你忘記本然狀態的剎那，便立即開始去把現在所體驗到的事物形塑成為一個念頭。這兩個難纏的魔羅愚弄了一切有情眾生，但事實上，它們不是來自其他地方，而是來自你自己的欠缺了知。基本上，有情眾生正在持續不斷地愚弄自己，但他們不一定要像那樣子，當我們自生的覺醒變得如「不散亂的非禪修」那般穩定時，那兩種無明就無法再控制我們，在那之前，努力住於本然明覺之中。在一個剎那之後，這兩種無明又會前來，不是嗎？再一次地，我們認識本初自性，然後這兩種無明消失地無影無蹤。這即是習慣於本覺的方法，這是真正的禪修之本。

在你看見心性即是「沒有什麼東西可看見」的剎那，在那個剎那，你不再需要被看見者與看見者的二元分立，這本然的結合稱為「非禪修」，因為它不是創造出來的。除了「非禪修」之外，我們也要修學不散亂。當我們加以修學時，不散亂漸漸變得越來越容易，本覺的剎那持續得越來越久，修學則同樣保持在「不散亂的非禪修」。這是認識心性的整個目的，也是「直指教導」的整個概念。

一切諸佛的迅捷之道

以下幾行句子源自一首著名的道歌，即對噶舉傳承之持明者的祈願文，我們稱之為〈金剛總持祈請文〉（Dorje Changchenma）①：

空無一切，但一切皆從它生起。
對這個體驗到一場不停息之戲劇的禪修者，
請賜予你的加持，
如此我就能了悟輪迴與涅槃之無別。

又：

請賜予你的加持，
如此我的禪修就能夠離於概念。

「空無一切」是指心性不是具體的事物，在你認識心性的那個剎那，它如同全然清淨的虛空。心的本質不是由任何念頭或概念構成，它完全離於任何念頭或概念，這是明顯的，而且在你認識心性的剎那，就會看見它。你看見在心性之中，甚至連一丁點概念都沒有。那首道歌繼續：「但是一切生起」，意指一切覺受因為覺察的品質而生起，而這覺察的品質無別於空性。我們本然覺知的能力沒有受到阻礙，因為它是無礙的。本性並非只侷限在空或某種實體的東西上去經驗。在空虛與覺察之間沒有分別或藩籬。我們常常使用一面明亮的鏡子的意象來加以形容，鏡子是無礙的，但在此同時，它也是明亮的，具有映現的本然能力，這是無別之空覺的意象，它是暢通無阻的。空虛的面向是法身，覺察的面向是報身，空虛與覺察兩者之無別性是化身。三身是每一個有情眾生的心性，當大師對我們指出這一點，而我們認識它時，它即是體性身。在我們認識心是無礙之空覺這個事實的剎那，在看見這個事實的剎那，我們就了悟它了。

在我們認識心是無礙空覺的剎那，就讓它保持原本的狀態。我們不需要預先禪修心

① 西方國家的所有噶舉道場廣泛吟誦〈金剛總持祈請文〉（Dorje Changchenma），秋陽・創巴（Chögyam Trungpa）仁波切對此有精彩的翻譯。

性，更不要去想：「好的，我將會認識心性，但是它必須看起來像某種樣子，如果它不是那個樣子，我應該稍稍修正、改善它。」或「嗯，或許這不是心性。心性一定比這個更特別。」或「現在這是空虛嗎？」或「現在它是覺察！是不是？」或「我認為這是空覺雙運……事實上，或許不是。」這種禪修完全沒有必要。法本一再提及，在認識心性的剎那，你必須放棄所有的先入之見。心性不需要我們加以改善。

我們能夠造作心性嗎？它是一個能夠加以想像，然後記在心中的本體嗎？試著去想像它是完全空虛的，這是不可能的，對不對？同樣地，你可以想像覺察嗎？我們無法想像。如果你的禪修僅僅是練習想像心性，那麼心性不就變成我們發明出來的產物嗎？我們不是一再地說，心性不一定是我們所認為的那個樣子？「無造作的平常心是一切諸佛的捷徑」，這本身即是重要的修持。

切勿像被困在陷阱中的鳥。你知道孩子們如何設陷阱，等鳥兒飛來時，孩子們一拉，鳥就困在陷阱之中。話說，在禪修教導之中，會提到曾經有一隻被困住卻又逃脫的鳥總是保持警戒。當牠降落在地面上時，牠叼一口食物，就出於恐懼地立刻跳起來。如果時時擔憂自己或許做錯了，那麼我們的禪修或許就會像那樣。我們心想：「喔，這不是。這平常的覺醒不會是佛性。有一種很棒的東西叫做『直指教導』，一旦我得到這個教導，我就認識了心性。現在我正在認識心性，我看見它。但是佛心必定完全不同於這個心性，這不會是佛心，佛心一定比這個心性更棒！」這種想法可能會讓人們時時刻刻有一種衝動，想要去創造和體驗除了直接的空覺之外的事物。

聞到佛性的氣味

當我們首次領受教法時，通常會得到一種涵蓋了所有佛法論題的廣泛闡釋，此即為人所熟知的「不了義」和「了義」。在那時，上師對我們指出關乎佛性、心性的了義事實，而這佛性、心性是我們最終需要去了證的。上師給予我們一個大略的輪廓和概要，然後我們逐漸地進入所有佛教教法之中最重要的事物。我們把這最重要的教法縮小範圍到「直指教導」，上師透過它而把心性介紹給我們，我們因而能夠認識心性，認識佛性。認識心性的剎那如同嗅聞到氣味，食肉動物出外捕獵時，首先要嗅聞到鹿的氣味，然後加以捕獵。「直指教導」是讓這小小的食肉動物聞到佛性的氣味，一旦我們聞到佛性的氣味，就不再需要對佛性多作猜測，我們終於上了軌道。最重要的是去聞一聞佛性的氣味，在此之前，花許多時間去進行分析是可以的。一旦聞到佛性的氣味，你就不再需要用大量的智識推測去填滿自己的心了。

聞到佛性的氣味的意思是這樣子的。在某個時候，你的上師靠過去對你說：「現在我們需要私下談一談，就我們兩個。當你認識心性時，你看見了什麼？」一個好弟子會說：「老實說，我什麼也沒看見。」上師回答：「嗯，那是真的，心性真的就是如此。你的心性是空虛的，但是在認識心是空虛的剎那，你是否完全空白而毫無覺察？你是一片茫然嗎？」好弟子會說：「不是的，我不是那樣。我體驗到當下。」接著上師可能會說：「這空性與覺察是一種雙運嗎？一個總是和另一個一起發生，對嗎？」弟子會說：

「的確如此。」上師繼續說道：「那個剎那是不是一種栩栩如生的覺醒狀態，同時又是空虛而完全了無執著？」如此一來，上師漸漸地介紹弟子佛性的氣味。

在此之後，追蹤鹿不再需要想像，因為鹿的氣味已經在那裡了。你不再需要想像這空覺，不必虛構關於空覺是什麼樣子的想法，也不必沉溺於我稍早所提及的那些幻想：想像佛性是什麼樣子，並且試著去把那種幻想時時刻刻記在心中。一旦我們領受了「直指教導」，認識了佛性，那麼我們的修持就不在於從「想像」佛性的意義來說的禪修，而在於從不散亂的意義來說的「不失去佛性的線索」。我們不需要去想像佛性，因為它已經在那裡了，不需要去虛構它。佛性的空性是本初的空性，佛性的覺察是本初的覺察，空虛與覺察的雙運是本初的雙運，不是嗎？它不是我們需要透過修行來創造的雙運，這個事實變得絕對清晰。禪修不再是一種讓心變得空虛和覺察的行為，完全不是。

然而，所發生的情況是，我們確實會忘記它，心會變得散亂，此時即是修持的時刻。這修持僅僅是再度去認識佛性，我們需要去認識佛性已經是什麼面貌。我們再度因為俱生無明和遍計無明而忘記佛性，心變得散亂。俱生無明純粹是指失去頭緒或遺忘，心變得散亂。當我們的心散亂，開始對使我們散亂的事物製造念頭時，就產生了遍計無明，我們需要根除這種無明。這兩種無明不是其他人製造出來的，也不是來自外界，它們是你自己的展現，正如同你自己的影子一般，它是心性本身的表現，但是卻被向外引導。

修持僅僅是透過一再地認識心性，而讓串習的執著逐漸地消失。我們越是如此修持，它就變得越容易。它如同記憶背誦一般，雖然這個比喻和這個情況不完全相似。當我念誦〈三世諸佛祈願文〉（Düsum Sangye）幾次之後，我甚至連想都不用想，就能夠把它從頭念到尾。祈願文自動地從我的嘴巴冒出來，因為它已經銘印在我的阿賴耶識之中。同樣地，一旦我們對心性的認識變得更穩定之後，這種認識將會持續一段時間，而且是自動的，而不是刻意的。

由於我們從未片刻與心性分離，因此心性不是某件要去觀修的事物，而是要去習慣的事物。散亂區分了這兩個狀態，我們需要「不散亂的非禪修」。如果你能倒背如流地念誦一篇祈願文，你還需要去想它嗎？這即是所謂的「自動」。不散亂應該是自動的，不需要任何刻意的念頭。你不需要每一次都恭喜自己：「哇，現在我認識了空虛與覺察的雙運。現在我又認識它了。」這是一個念頭，不是嗎？如果你能夠背誦這〈三世諸佛祈願文〉，一旦唸出第一句：「三世諸佛上師無上寶」之後，你需要去想「下一句是什麼？喔，是這樣、這樣」嗎？你完全不需要去想。當你能夠背誦一篇祈願文之後，不需要任何念頭來念誦它，本覺不需要任何念頭。一旦你習慣了本覺，它就是自動的。

當一個上師教導他的學生們直接了知佛性時，那就像把鹿的氣味介紹給食肉動物一般。一旦知道了那種氣味，你就擁有了那種氣味，那氣味就在那裡。你已經擁有了法身的氣味，沒有什麼要看的東西；你已經擁有了報身的氣味，雖然沒有什麼要看的東西，但是仍然有了知；最後，你已經擁有了化身的氣味，即法身與報身是無別的。只要繼續聞嗅這氣味，如同在山間追蹤獵物一般。

它相當美好，是不是？我們能夠透過這條道路而成佛，它被稱為「無為之道」。關於這條道路，有這樣的說法：

無為之道

> 此一無爲讓一切有爲相形見絀。

「無為」使一切煩惱的活動相形見絀，八萬四千種煩惱需要一個作者（主體）和一個行為（客體）。在此，沒有什麼被想像，它完全是無為的，在一剎那之間，它消散了八萬四千種煩惱。

當我們認識這種了知的覺醒之後，它如同拿一把斧頭連根砍斷一棵有著數千條枝幹和數萬片樹葉的巨樹。一旦樹幹被砍斷，一切其他的事物都在同一剎那倒了下來。那怎麼可能呢？八萬四千種煩惱都只是念頭，而具有了知能力的本初覺醒則了無念頭。在認識無念剎那的時刻，八萬四千種念頭狀態全都同時消失無蹤。

如果無二的了知之覺醒是充滿概念的，那麼它就無法根除念頭狀態，因為你無法用執著於另一個念頭的方式來棄絕一個念頭。在認識真正的無念覺醒的剎那，每一種散亂的念頭活動都被摧毀。

事實上，一旦你認識這真正的覺醒狀態，輪迴不再是問題。在一般的思想狀態之中，我們體驗喜悅、悲傷——我們有所有這些念頭、憂慮和計畫。但是在認識這無念覺醒的剎那，所有的問題都消失了，在那個時刻，輪迴相當令人感到欣喜，有一種大平等、廣大浩瀚、全然開放之感。你可能會感到快樂，但是如果你認識心性，就不會過度狂喜而陷入其中。你或許會體驗痛苦，但是如果認識心性，你就不會徹底地感到抑鬱而陷入其中，這就是為什麼它被稱為「大平等」的原因。

通常，當一切順遂時，人們是那麼地狂喜，狂喜到帽子從頭上掉下來——他們簡直沒辦法讓帽子留在頭上！但是如果在那個時刻，你認識心性，那麼對稍縱即逝的現象感到快樂，究竟有什麼大不了的？萬事萬物都是平等的。

另一些時候，人們感到鬱鬱寡歡，痛苦地哭泣。但是如果你認識心性，那麼有什麼大不了的事情需要如此鬱鬱寡歡？因此，在喜悅和悲傷時，這種對心性的認識是你最佳的朋友。

如果你繼續如此修持，將會有非常好的結果，否則這個世界是沒有太多樂趣的。每一件事物都會改變，沒有什麼是我們真正能夠依靠的。輪迴具有一種易變無常的本質，沒有什麼留得住，我們需要去認識明覺之不變本然狀態。如果你必須一直留在輪迴之中，那麼人生就沒有那麼美好。每一件事物都會改變，在這個世界上，在有情眾生之中，或在我們所體驗的事物之中，沒有什麼是穩定不變的。每一件事物分分秒秒都在改變，但是在這個心性之中，沒有什麼會改變的事物。

學生：能不能請您解釋「三昧耶」？

仁波切：《本智勝身》（*Yeshe Kuchog*）②指出，人們不應該和違犯三昧耶者飲用同一個流域的水。老實說，我們不知道誰違犯了三昧耶，誰沒有違犯三昧耶。只有佛陀知道。我們無法完全測度另一個人，佛陀說：「只有我和像我這樣的人能夠知道另一個人。」我們無法知道誰嚴重違背了三昧耶，誰信守三昧耶，而這不是真正的重點。如果我們或另一個人破壞了三昧耶，我們可以念誦百字明咒和認識心性。否則，我們能夠做的也不太多。我們無法知道誰清淨持守三昧耶，誰沒有清淨持守三昧耶。

年長的大師們曾說：「上師是我最佳的友伴，違犯三昧耶者是我最糟糕的敵人。」武器無法殺害過去許多了證的大師，這些武器就像在空氣中砍殺一般。但是在他們接觸違犯三昧耶者的剎那，他們就過世了。沒有其他什麼事物能夠傷害這些大師，但是破壞三昧耶卻能夠讓一個喇嘛短命。

《瑪哈密續》、《阿努密續》和《阿底密續》所教導的三昧耶不可思議地深奧，這些教導和修持本尊、咒語和三摩地教法的人結緣，具有極大的利益。據說，任何人和一個真正的修行者接觸，就不會墮入下三道。相反地，如果你接觸違背這些教法的人，就會墮入下三道。我們接觸這兩種人的其中一種，肯定會帶來影響。

三昧耶肯定可以被違犯破壞，但是它也可以透過念誦金剛薩埵百字明咒和認識心性來修補。在認識心性的同時念誦金剛薩埵百字明咒，可以使所有的染污或負面的影響力如雪花落在滾燙的石頭上那般消融。雪花無法覆蓋一塊滾燙的石頭，它們能嗎？它們只會消失無蹤。要不然，如果一個人以一般的狀態行走，它就像雪落在冰水上：水結凍，並且慢慢地變成一層厚厚的、外層被冰覆蓋的雪。

有一個源自康區的故事，關於一個老人對一位喇嘛所說的話。這個老人說：「當談到佛法的利益時，你肯定沒有問題，即使連這個老罪人也可能將免於墮入地獄；當談到惡業之果時，我肯定會下地獄。事實上，我懷疑你是否也會有麻煩！」懷著清淨的發心來念誦百字明咒，並且發露懺悔十萬次，肯定能根除人們所有的惡業，了無痕跡。當聽到某個人說感覺沒有任何問題時，「即使連我這個老罪人，也將沒有問題」；但是當你聽到殺生的惡果時，即使是殺死一隻小昆蟲，那麼它就像這個老人所說的：「我擔心你死後會到哪裡去，即使是你這個喇嘛。」

三昧耶整個包含有許多細節，其中包括十萬品的三昧耶戒等等。所有這些細節都能夠濃縮精簡成為身、語和意的三昧耶等基本原則。「身」三昧耶意指觀想本尊，記住自己的色身是本尊的聖身相；「語」三昧耶是記得念誦咒語；「意」三昧耶是去認識心性。這些是金剛乘的三個基本原則，即本尊、咒語和三摩地。

關於和上師之間的三昧耶，即是不要傷害上師的色身，不要毆打上師或使他受傷。不要違背上師的命令是指，如果上師要求你去做某件事情，你要遵從。關於上師的心意

②《本智勝身》（*Yeshe Kuchog*）是一篇結合了寂靜與忿怒本尊的懺文。它屬於《無垢懺悔密續》（*Tantra of Immaculate Apology*）。它的譯本被包括在《普賢心髓》（*Künzang Tuktig*）的薈供之中。

是指，切勿做任何事情讓上師感到煩惱或不悅。除了去持守和上師之身、語、意有關的三昧耶之外，我們也應該持守自己身、語、意的三昧耶，把身、語、意視為本尊、咒語和三摩地。這兩套和上師、自己的身、語、意三昧耶，包括了所有其他的三昧耶。

維持與本尊、咒語和三摩地之間的連結是非常重要的。這些教導從何而來？我們從上師那裡領受這些教導，你從上師那裡領受本尊、咒語和三摩地的口耳教導，如果你反對這位上師，將是忘恩負義的表現。我們也可能因為輕視上師的話語，或不關心上師的身體、感受，而損壞了與上師身、語、意之間的三昧耶。

「大圓滿」一詞是指每一件必須被棄絕的事物，以及每一件必須被了證的事物，都圓滿成就，這是一切道乘之王。大圓滿教法的三昧耶有「本初清淨」（kadag）和「任運顯現」（lundrub）兩個面向，本初清淨（或本淨）是指「立斷」的見地，任運顯現是指稱為「頓超」的禪修。兩者各有兩個三昧耶，「立斷」修行的三昧耶稱為「無有」（nonexistence）和「遍在」（pervasiveness）。「頓超」修持的三昧耶是「一」（oneness）和「任運顯現」（spontaneous presence），因此這四個三昧耶是「無有」、「遍在」、「一」和「任運顯現」。由於一切事物都被包括在這四種三昧耶之中，因此這四種三昧耶即是眾人所知的「如國王般的三昧耶」，所有輪迴與涅槃的現象都盡在其中。

我將用以下的方法來解釋三昧耶之「無有」、「遍在」、「一」和「任運顯現」的四個面向。「無有」或「空無」（devoidness）是指，空虛的本淨心性是非造作的，完全不具任何實體。它如同虛空一般，從一開始就是清淨的。「遍在」一詞是指在本淨覺醒之中，沒有受到干擾中斷，或於本淨覺醒中不散亂。在認識心性的刹那，也有某種持續不斷之感。這「遍在」的品質意指「無間」，是一種包覆或含蓋一切的品質。

任運顯現是「頓超」的另一個三昧耶，任運顯現從本淨的虛空自然而然地展開，它是明顯的面向。因此，本初清淨和任運顯現這兩者事實上是無別的，如同空性和覺受一般。於是，三昧耶是去認識你覺醒心性了無造作的本淨，而這覺醒的了知品質是任運顯現的本質。你也可以說覺醒的三個面向為空性、任運顯現和空覺無別。

我們把心性稱為「法界之本初虛空」，它原本就已經是空虛無有的。在此同時，我們有一種任運顯現的本然覺察，這是心性的另一個面向，這兩者是心性的主要特質。換句話說，在我們認識心性的真實面貌的刹那，有一種任運顯現的覺醒，能夠看見或了知這本初清淨。因此你可以說，本初清淨和任運顯現是無別的，或換句話說，本初虛空和覺醒是無別的，這無別即是第四個三昧耶「一」的意義。心性是空虛的，但有覺察的本質，空虛與覺察這兩個面向是無別的，任運顯現不是造作出來的。再一次地，本初清淨和任運顯現之無別即是「一」三昧耶。

以這種方式來了解三昧耶：本覺的覺醒狀態不是一種禪修或造作的行為，完全不是。一旦你圓滿這個修持，它就變成暢通無礙，只有本覺的覺醒狀態。那時，你已經超越了持守和違犯任何戒律之間的分別。當你超越充滿概念的心之狀態後，就沒有持守或違犯的概念。由於在這時，覺受是一種本覺的持續狀態，修行者不需要執著於奉行或不奉行、持守或不持守、違犯或不違犯、認識或不認識的概念。在傳統上，這被稱為「超越持守和違犯三昧耶之間的界線。」簡而言之，本初清淨和任運顯現的四種三昧耶的意義在於，除了認識心性之外，在維繫我們與一切諸佛覺醒狀態之間的連結上，我們沒有什麼「事情」要做。

在我們陷入二元分立的心的時刻，肯定有要持守的三昧耶，也肯定有會被違犯的三昧耶。但是在充滿概念的心消融於無二明覺之虛空的時刻，就沒有要去排斥的輪迴，也沒有要去成就的涅槃。在那個時刻，你超越了持守與違犯的概念。但是在那之前，你肯定有要持守的三昧耶。請不要誤解這個重點。

充滿了知的無別空覺

我希望你們熟悉三個和身、語、意有關的藏語：「digpa」、「dribpa」和「bagchag」。第一個字「digpa」意指罪行或惡業，它是指不善的、負面的、邪惡的行為，例如偷盜、說謊或殺生。「digpa」製造惡業，從事這些行為確實會阻止我們了悟佛性。第二個字「dribpa」意指障蔽、遮蔽物或蓋子，它可以被比為這個房間的牆壁，它們阻礙我們看見發生在外界的事情，遮蔽了我們的視野。這些障蔽更細微，阻礙我們了悟「如是」的本質。「bagchag」意指串習，甚至更細微。透過夢境的例子，是了解「bagchag」最容易的方式。在夢境中所發生的事情是串習的產物，我們無法加以執取，其中沒有什麼是有形的，但是我們可以體驗一切。那種發生在一種非常細微層次的迷妄，即稱為「串習」。

然而在本質上，「digpa」、「dribpa」和「bagchag」無法障蔽我們自我了知覺醒的本性。這本性是本初清淨的，而且會保持這樣的狀態。為了證明這一點，你可以觀察自己忙碌於充滿概念的念頭時，或快樂、悲傷時，或計畫未來、追憶過去時。在你認識自性的剎那，你會再度看見它是全然清淨的。我們的本性不受到錯誤行為、障蔽、串習的遮蔽和染污。過了一段時間之後，我們再度陷入二元分立的思惟之中——在思惟者和被思惟者、主體與客體之間忙碌。我們被二元分立的思惟牽著鼻子走，再度製造了障蔽自己和形成串習的惡業。我們沒有必要做假！

為了解決無所覺察和錯誤地執著於二元分立的問題——這已經永無止境地在輪迴中上演，我們先從「正念」（mindfulness）開始。然而，正念有一種明確的、二元分立的言外之意。它就像把一塊肉鉤在一個鉤子上，然後握在那裡，有個主體看著一個客體。有一種比較細微的層次稱為「觀照」（watchfulness），它只是一種注意，但是它也是一種細微的二元分立。「明覺」（awareness）甚至比「觀照」更細微，這是區分「心」（藏sem）和本覺（藏rigpa）的一個點。「sem」——二元分立的心的狀態，意指忙碌於過去、現在或未來的念頭；本覺（rigpa）純粹是指不忙碌於過去、現在和未來三時的念頭。

佛心（本覺）是無別的空覺。在我們認識這一點，並且實際看到這一點的剎那，即稱為「充滿了知的無別空覺」。「空虛」在此意指本來就沒有成形的，不是由任何因或緣所構成，已經沒有任何實體。「覺察」在此意指，儘管是空虛的，但是了知的能力卻任運顯現。「無別」意指這兩個面向，即「本來就沒有成形的空性」和「任運顯現的覺察」是沒有分別的。它們一直都是無別之雙運，而這即是一切諸佛之所有教法的意義。

在康區，有一句俗話說：「在空中揮舞鐵鎚，卻擊中鐵鉆。」鐵鉆是你放置熾熱紅鐵的地方，你可能揮舞著鐵鎚，但是你只有一個地方要去擊中，那就是鐵熾熱之處。如果擊中其他的地方，你就無法形塑那片鐵，而形塑鐵片正是鍛鐵的重點。同樣地，所有不同的經典和密續教法或許有許多細節，但是究竟而言，這些教法都只關乎一個要點，也就是充滿了知的無別空覺。請了解空性是法身，覺性是報身，空性與覺性之無別雙運是化身。在認識我們的心性之際，了悟這一點並不是專注或禪定的結果，當我們純粹安住在這種本質之中時，不需要去結合空性與覺察，它們已經是雙運的了。在那時，沒有什麼「事情」要做，沒有什麼「東西」要去製造或創造。這即是佛陀之一切教法的重點。

我們必須了解這個重點，也應該對此有所覺受，這正是一切有情眾生沒有覺察到的事物。當我們沒有察覺到這無別的空覺時，據說這是「充滿無知」（充滿無明）。這如同一個擁有如意寶的人，卻在不知情的情況下丟棄它，反而拿起一塊假的寶石。雖然你在這塊假寶石前面發下各種願望，但什麼也沒有發生。

有一個包含了「見」、「修」、「行」和「果」的重點，也就是我多次提及的一句話：「充滿了知的無別空覺」，這是唯一的重點。這無別的空覺是我們的本初自性，不論我們是佛或有情眾生，這本初自性都是一樣的。讓這本初自性有所不同的是，它充滿了知或充滿無知，而這其中的差異僅僅在於認識心性與否。凡俗的有情眾生沒有察覺自己的自性，是「充滿無知的無別空覺」，陷入於三毒之中。一個瑜伽士（真正的修行者）已經認識這本然狀態，並且是「充滿了知的無別空覺」——三身，他不會滿足於已經認識心性，如果沒有修持，那麼認識心性的力量將永遠不會圓滿，也不會穩定。瑜伽士如此修持直到圓滿，直到證得三身之果。

切勿只滿足於認識心性——修持這一點也是重要的。如同蓮師在《智慧心髓次第道》所說的，如此修持的方法在於以下四句話：

> 空覺一味，充滿了知，
> 乃是你無謬之自性，非造作之本然狀態。
> 不去加以改變，讓它保持如是，
> 此時，覺醒狀態任運顯現。

在此，「如是」（as it is）是指「真實」（actuality）。「真實」是指直接看見它的面貌，而不是把它看成一個想法或概念。藉由認識思惟者的本質，我們了解到空性與覺察是無別的雙運，這個事實不再是隱藏的，我們體驗到這個事實。當我們讓這個「真實」保持它「如是」的面貌時，它就不是造作的，在此時此刻，佛的狀態（覺醒的狀態）任運圓滿，所有的障蔽都消融了。這些是相當令人印象深刻的話語，這四句話是蓮師親口說出的，它們濃縮了「見」、「修」、「行」和「果」的完整意義。

再一次地，光是認識心性之空覺並不足夠，我們必須繼續修持，圓滿它的力量。我稍早解釋了「修持」是一而再、再而三地認識心性。在我們認識無別之空覺的剎那，那即是本覺本身，但是這個本覺尚未完全成熟，它不是一種成人的本覺狀態，而是嬰兒的本覺狀態。我們現在所認識的心性層次，被稱為「嬰兒本覺」，它需要長大成人，因為它目前無法自理或完全地運作。我們需要把這種認識發展到一個人的層次，這個人已經「發展出力量」，已經達到十七歲、十八歲或十九歲的年紀，並且已經獨立，能夠照顧自己，那即是穩定。為了達到這種境界，我們需要一再地修持。這是很重要的！

我們的自性已經圓滿

在大圓滿之中，「離戲」（simplicity）一詞極為重要。「離戲」是指離於心之造作，離於外來的概念。有句偈言說道：

> 看見無見之見地；
> 修持無修之禪修；

實踐無爲之行爲；
達到無果之果。

這幾句話不可思議地深奧，對於了解此處所表達的真正意義而言，它非常重要。它指向離戲，指向無為，指向這個事實：我們內在的本質不是經由了解而得到的一種見地的新觀點。真正的見地不是如此。

錯綜複雜障蔽了「離戲」。在所有其他的道乘之中，從聲聞乘上至和包括《阿努瑜伽》，都有要去理解的原則和要記在心中的目標。有行為要去實踐，有結果要去達成。但是除了認識我們的本初自性之外，《阿底瑜伽》的「見」、「修」、「行」和「果」超越一切，《阿底瑜伽》這個道乘純粹在於認識我們無別空覺的自性。為什麼要把已經是空虛的事物想像為空虛的？我們沒有必須去理解已經是空性的空性，這即是「看見無見之見地」的意義。

接著，是「修持無修之禪修」。禪修是指把某件事物記在心中，我們需要把空覺記在心中嗎？還是純粹認識已經存在於心中的事物？不論如何，你怎麼能夠想像空覺？我們沒有必要去做任何花稍的事情，只要去看見它本然的面貌即可。

關於「實踐無為之行為」，在所有其他的道乘之中，都有讓我們忙碌從事的事物，但是在此，究竟的行為是去放棄九種活動。話說：「切勿讓自己忙碌於行為和事情。」「行為和事情」是指牽涉了主體與客體的活動，這障蔽了「無為」的狀態。又說：「當你離於行為和事情的時候，你就達到了無為。」這是非常關鍵的要點。在這個教法之中，我們純粹需要去認識空覺的本初狀態。在那時，就沒有要去專注的「事物」，也沒有要奮力去達成的「事情」。

所有的教法都盡在大圓滿之中，佛經都是如此開場：「在印度的語言之中，此經的名稱是這個、這個」，並且都是這樣結束：「被稱為這個、這個的佛經特此完成。」「完成」（completed）一詞意指「結束」（finished）、「圓滿」（perfected）。換句話說，在認識心性的剎那，所有的道乘都圓滿了。「大圓滿」是指我們的自性已經圓滿，不需要去使空性變得清淨，它是本初清淨的。我們不需要去使本初自性變得覺察，它已經是任運圓滿的覺察。我們也不需要去造作「遍在」的能力，老實說，你怎麼可能創造空性或覺性？它們是毫不費力地任運顯現。修持此一任運！

第八章

把修行融入日常生活之中

我們應該把如魔術般虛幻的想法，
加諸在日常活動中所有的體驗之上，
提醒自己：「這只不過是一場夢，它完全不是眞實的。」

學生：我要如何把修行融入日常生活之中？

仁波切：在一般的（共的）佛教體系之中，通常有「座上禪修」與「座下禪修」兩種狀態的差異。在經典體系的背景脈絡之中，座上禪修狀態如同虛空，而座下禪修狀態則如同魔術般的虛幻。座上禪修被視為一個「座」（session），而座下禪修則是座與座之間的「休息」（break）。在座上期間，我們修行；在下座休息期間，我們活動、談話、飲食和睡眠。

如此一來，在座上的禪修狀態即是如虛空般地離於心之造作。座下禪修則有如八幻喻，它們先從魔術師的比喻開始，這個魔術師能夠藉由咒語和神祕的物質，用魔術變化出虛幻不真的事物。它創造出看似真實存在的人物、動物和建築。雖然這些人、事、物不具有任何具體的存在，但是觀眾仍然能夠感受到這些人、事、物，進而相信這些幻相是真實的。事實上，它們什麼也不是，只不過是魔術創造出來的物品，在我們日常的現實生活中，每一件事物皆是如此。這八幻喻，除了魔術（如幻喻）之外，尚有回聲（如響喻）、海市蜃樓（如陽焰喻）、倒影（如影喻）、乾達婆城（Gandharvas，如變化喻）、夢（如夢喻）、彩虹（如虹喻）和水中月（如水中月喻）。這八幻都是有情眾生迷妄地相信現象（諸法）為真的例子。

根據經典的體系，在座下禪修期間，我們應該把如魔術般虛幻的想法，加諸在日常活動中所有的體驗之上，提醒自己：「這只不過是一場夢，它完全不是真實的。」我們如此修持，視所有的體驗都具有這種不具實體之感。在座上的修持，則是心中不執取任何事物。因此佛經教導，座上禪修的狀態如虛空般了無造作，座下禪修狀態則如魔術般虛幻。

在大手印、大圓滿和大中觀的背景脈絡之中，你不在座上與座下之間做任何區別，不必區分修行，把一個修行區分為座上禪修狀態，把另一個修行區分為座下禪修狀態。在這個背景脈絡之中，座上禪修狀態持續下去，直到修行者的心散亂，偏離了明覺為止，然後這座上禪修狀態就轉變成為座下禪修。事實上，不論你是坐下、行走、飲食、談話、躺臥或四處活動，這修持都是一樣的。在你記得去認識心性的那一刻，便立即看見了心性的面貌，看見了空性，就在那時，那本身即是見地。不論你是在站立、坐下、飲食、談話或四處活動時認識了心性，這之間都沒有任何差異。心不散亂即是座上禪修，心散亂即是座下休息。

切勿區分在座上禪修期間認識心性和在下座休息期間認識心性。在所有的活動之中，要時時刻刻住於不散亂的見地之中，住於本覺之中，如我一再所說的「短時、多次」。此時，能夠維持很長一段時間的，即是造作如虛空般的禪修狀態。切勿造作任何事情，住於本然之中。在這個修持之中，沒有必要對它持有任何概念，它是住於本然禪修狀態的修持，而這本然的禪修狀態即是無礙空覺之本初狀態。本初空覺即是見地，此見地即是空覺無別。就本初而言，空虛的品質即是法身，覺察的品質是報身，而空虛與覺察的雙運則稱為化身。請時時刻刻熟悉這一點。

這本初狀態不是我們製造出來的，認識這一點，即是圓滿的見地。我不是在說這見地是好的，而層次較低的道乘之見地是低劣的，但是其中見地摻雜了概念的程度卻是有差異的。我們可以說服自己：「這是禪修狀態！這可能是空性。」這種作法是把空性加諸在我們的覺受之上。換句話說，這不是「如是」的本然狀態。同樣地，在日常活動之中提醒自己：「這全是如魔術般的虛幻」，這仍然是一種概念。

當我們執著於一個特定概念時，就如同一隻被鏈條束縛的鳥努力拍動翅膀，卻無法飛翔。正見的修持不是持有概念，甚至連細微的概念都不持有，它只是認識心性本身的面貌的問題。心性原本是空虛而覺察的，它不是出自我們的造作，不需要去對它持有一個概念。換句話說，當你記得去認識心性時，你會立即看見「沒有什麼要去看見的事物」，就是這樣。在其他時候，我們忘記去認識心性，就失去了心性。

首先，我們需要去認識自生的覺醒。慢慢地、慢慢地，我們要重複非造作本然的剎那，發展出認識心性的力量和強度。一旦這認識達到穩定，我們的心就能夠日日夜夜不散亂；此時，虛空與明覺已經融合在一起。我們的心受到二元分立執著的控制已經有很長一段時間，時間長到使我們把「無二」視為二元分立。因此，要我們立即習慣於覺醒的狀態是有困難的，我們不認識心性已經到了「訓練有素」的程度，而不認識心性，即是我們過去所有生生世世直到當下這個時刻的輪迴所在。我們擁有這個不善的、深植於內心的習慣，現在，我們必須把這個習慣轉變成為認識心性的習慣。由於對初學者而言，認識心性的時刻只維持非常短暫的時間，因此必須多次重複認識心性的時刻。你不一定需要靜坐來重複認識心性，切勿區分坐著修持和在日常生活中，行走、談話、飲食和躺臥著修持之間的差異，切勿把修行侷限於座上。「見」是本覺，「修」是本覺，「行」是本覺，這是習慣覺醒狀態的方式。

我們需要去熟悉本覺，需要去修持真正的事物。目前我們看見心性的時間不可能持久，因為在認識自生覺醒上，我們是初學者。如果我們能夠成功地維持長時間的禪修，那麼它必定是一種模仿、一種造作，而這種模仿和造作正是我們不需要去修持的。相反地，我們應該一再地重複短時間的真正覺醒。你從上學知道，你能學習是因為你用心，剛開始它是困難的，然後它變得比較簡單，所有的修持都是如此。如同一切有情眾生，我們已經習慣負面的習慣，即使我們擁有普賢如來的本質。由於不知道這一點，因此我們受到串習的控制，正如同夢中的體驗或在中陰流轉的例子。串習如同蓋子，可以被移除。

如果你想要把這個修行融入日常生活之中，那麼不要區分座上和座下。休息或座下禪修是指散亂，被散亂的力量帶離了本然的狀態，如同八幻喻一般。這八幻喻如同整個輪迴般不具實體，而且沒有必要去追求。散亂即是輪迴的主要特徵。

像一個無念的孩子般去體驗

我們總是被教導，見地超越概念，本然明覺是非造作的。般若波羅蜜多、大圓滿、大手印和大中觀的見地，都是離於概念的。它們從來不是凡俗之人充滿概念的見地，這種見地是日日夜夜念頭不停製造的產物。話說：「透過有為，沒有覺醒。」你被自己的心束縛，充滿概念的心執著於心所覺知的一切概念。但是淨見本身必須離於心所持有的概念，這當下的覺醒離於概念。

你需要去認識這當下的覺醒，在這當下的覺醒之中，過去的已經寂滅，未來的尚未到來，不要用另一個念頭遮蔽這當下的覺醒。有情眾生持續不斷地這麼做，一個新的念頭之後有另一個念頭，再有第三個念頭，如此持續不斷。切勿再讓當下的覺醒和任何事物連結在一起，切勿接受或排拒，切勿確認或否定，切勿採納或避免。住於當下覺醒之中，不執著任何事物，此即所謂的「心性」，你可以稱它為「自生的覺醒」或「大手印」的見地，中觀稱它為「勝義諦」。世俗諦是指充滿概念的心的狀態，勝義諦則是指真實義的實相，它也稱為「般若波羅蜜多」；在大圓滿之中，它是「空覺之無瑕法身」。如果佛法教法不使用語言和名稱，那麼就沒有什麼可說的了，對不對？意義透過語言和名稱顯露出來。如果你只是坐在那裡，像啞子一樣做出無言的手勢，我們不會知道你的意思！

如同薩拉哈（Saraha）所說的：「放棄思惟者和被思惟者，像一個無念的孩子般去體驗。」一個小孩雖然沒有太多概念，但是他沒有看見自性，如果他看見自性，也不會對其具有信心。把心所覺知的事物持有在心中，是概念形成的根源。例如「這是一只杯子。有一個蓋子。上面有很多設計。有一點點茶留在杯子裡」，這念頭的列車被稱為「執著於透過思惟、心理活動所覺知的事物。」另一方面，瑜伽士在看見一個杯子的剎那，認識到看見杯子的心性。於是，概念停止產生，他的心不執著於任何事物。當主體與客體的概念崩解時，輪迴就止息了。實際體驗這一點，被稱為「消融概念」（resolving the view）。你不持有主體與客體的概念，那就足夠了。

如同一個剛剛學走路的一歲孩子一般，我們尚未習慣這一點，我們只是稍微地習慣。孩子自己站起來，然後跌倒，他屢站屢跌；這正是我們目前的修行狀況，因為內在的穩定力尚未形成。當你兩歲時，已比較穩定；三歲時，甚至更穩了；當你十八歲時，你已經穩定了，是一個年輕的成人，你有能力去跑，或去做任何自己想做的事情。當你的修行達到成熟，便稱為「已經獲得本覺的本然穩定」。

當你的心日日夜夜不再散亂時，你已經非常接近無禪修的法身寶座。你可以在密嚴淨土的法身宮殿，和普賢如來坐在一起，這個狀態為眾生所帶來的利益是任運而自動的。你不必說：「現在我想要利益眾生。」不需要有那種念頭，這如同太陽照耀時，你不必去讓太陽溫暖明亮，是不是？當太陽照耀時，它自然而然就是溫暖而明亮的；當你達到穩定時，肯定能夠利益無量無邊的有情眾生。一旦你了悟法身的本質，就如同沒有雲朵遮蔽的太陽，它的明燦、溫暖、光芒自然而然地散放到世界的每一個角落。當我們了證利益自身的法身時，利益他人就毫不費力，這種了證常常被形容為「燦爛吉祥」（resplendence；梵shri；藏palden）。了證法身即是自身的吉祥榮耀，化現為色身，即是他人的吉祥榮耀，這是為什麼諸佛被稱為「吉祥諸佛」（glorious buddhas）的原因。

以正念為護衛者

在此同時，當從事日常事務時，我們的心一定會散亂。法身在我們之內，但是因為我們對法身的認識尚未穩定，因而陷入念頭之中。然而，當我們有所認識時，念頭的本質即是法身，它純粹是了知、明覺的外在表現。在我們認識到思惟者的本質時，這種表現（念頭）就無法留存，那時，你本然的自性即是一種真實。在這個表現之中，念頭無法留存，如同一滴水無法留存於半空中。一旦你熟悉這種處理念頭的方式，就不需要去壓制思惟。你不需要去糾正它，不需要任何獲得或失去覺醒狀態的希望或恐懼。所以，「充滿信心的見地離於希望和恐懼」，你不必去希望自在或恐懼擁有念頭，因為在看見心性的剎那，念頭已經消融了。你們了解這一點嗎？清楚了嗎？

不要期待你會體驗到任何驚人壯觀的事物。老實說，沒有什麼比認識本覺更令人感到驚奇的事物，在本覺之中，念頭無法留存，五毒和串習失去它們控制本覺的力量。如果不知道這一點，我們就會陷入念頭之中。大多數的有情眾生不知道如何去認識心性，他們被念頭帶著走；在你認識心性的剎那，你已經看見了心性。「不見一物，是無上之見地」（Seeing no thing is sublime sight），這是如此的近在咫尺而令人難以相信。它不是一種想像的行為，是因為它是如此的容易，而令人難以相信！它甚至不需要透過一丁點的禪修，就可以做到。但是我們需要去習慣它，需要習慣於認識這空覺的本質。

用你的餘生如此修持，你將不會恐懼死亡。生病時感到快樂，死亡時感到欣喜，是真正的瑜伽士。為什麼你生病時會感到快樂？因為當死亡時，你就證悟了。人們通常會先生病，然後再死亡，如果沒有死亡，這有形的身體不會消逝。透過這個修行，在死亡時，離於二元分立的心的本初覺醒，將會如大鵬金翅鳥（garuda）❶那般自在翱翔，你的心如同本初覺醒般融入法身。你抵達法身的王座，握有法身的王國。

此時此刻，有情眾生掌握了愚痴的王國，一旦我們清除了這了無覺察的曲徑之後，就只有這本初覺醒的王國。在這發生之前，無明國王擁有五毒這五位大臣，五位大臣的副手是二十一種不善心所和八十種內在念頭狀態，八萬四千種煩惱即是他們的臣民，這位暴君統治永無止境的輪迴王國。我們全都居住在這個王國之內，並且認為這個王國簡直是太棒了！

然而，在死亡的時刻，我們全都失去控制，失去所擁有的一切，我們的一切作為都白白浪費，完全無法給予我們任何幫助。在死亡的那一刻，我們的心繼續獨自前進，如

❶大鵬金翅鳥（garuda）是一種神話中的大型鳥，一破卵就能飛翔，象徵本初智慧，其五種顏色有時象徵五智。它是龍族之敵，在繪畫上，常繪其喙咬一蛇，象徵吞食煩惱。

同從奶油中抽出的一根頭髮。它繼續旅行，沒有選擇何去何從的自由。愚痴無明的王國真的是徒勞無用，但是即使它毫無用處，我們仍然緊緊黏著它。要獲得真正的快樂是不可能的，我們對自己的命運沒有任何的掌控，如果有所控制，就能夠留在愚痴無明的廣大宮殿之中。但是由於我們完全沒有選擇的自由，因此偉大的愚痴王國完全幫不上忙。如果我們不清除這無明，沒有什麼能夠幫得上忙，沒有什麼能夠帶來利益。當然，從事善行會帶來短暫的利益，但是「除非你知道心的祕密重點，否則不論做什麼，都會是上下顛倒的。」心的重點是離於過去、現在和未來三時的念頭，住於無造作、全然開放的當下覺醒之中。如果不知道這個重點，那麼不論你做什麼，都會是上下顛倒的。有一句康巴諺語說道：「在你往後倒時，恭敬合掌不會有所幫助。」換句話說，如果不從根本清除無明，我們總是會回到輪迴之中。

我們總是需要一件東西，那就是稱為「正念」的護衛者，監視我們的心是否不小心就散亂。如你所知的：「在散亂的道路上，魔羅的盜匪伺機埋伏。」我們或許會認為，有邪靈會出來把我們抓走，但是散亂的心才是真正的魔羅。它如同一句著名的俗話所說的：「障蔽者是你自己的念頭，障蔽者源自你自己的心。」一旦你的心日日夜夜心不散亂，那麼就沒有障蔽的力量能夠控制你。

簡而言之，我們能夠把對心性的認識融入日常生活之中，完全是修持的結果。沒有修持，對心性的認識只不過是驚鴻一瞥，稍縱即逝。我們或許會再度認識心性，但它總是消逝，因為我們總是忘記，心總是散亂。我們不認識心性的習慣已在所有過去的生生世世中受到鞏固強化，它的力量簡直是太強大了。除了我不斷提及的「短時、多次」修持方法之外，沒有其他的解決辦法。不論我們是坐著或行走，修持在本質上都是一樣的「短時、多次」，除非這樣重複許多次，否則我們將永遠無法習慣於認識心性，一而再、再而三地認識心性是最重要的。隨著你越來越熟悉於認識心性，對心性的認識越來越穩定，那麼認識心性的時刻自然會越來越長久；而不認識心性的時期就會變得越來越短，越來越少。提醒自己去認識心性是重要的，直到最後有持續不斷的本初覺醒為止，而這種持續不斷的本初覺醒，就稱為「正等正覺」的狀態。在達到正等正覺之前，你需要一再地修持。

修持之道即是在日常活動之中，提醒自己認識心性，這種正念或「提醒」即是佛法修行的核心。隨著這種正念越來越穩定，隨著你在行走、飲食、夜間躺臥等日常活動中對心性的認識越來越穩定，你將能夠一再地認識心性。然而，如果你沒有提醒自己去認識心性，便將永遠不會對心性有任何認識，如此，你將完全忘記自己真正的佛性是什麼。這樣不知不覺的活著，如同一具死屍，一具沒有感覺的殭屍。在沒有完全圓滿證悟的品質的情況下，我們或許看起來像人類，活著並醒著，但是只要對自性一無所知，我們事實上就是殭屍。抱歉我這麼說，但是一切有情眾生都如同行屍走肉。（仁波切笑了起來）

學生：我們如何清除力量強大的煩惱？

仁波切：如果你知道怎麼做，就可以在瞬間消除煩惱。當然，不是永遠地根除，但是在那一瞬間，它完全消失了。每一個煩惱是一個念頭，而念頭即是心的活動。當我們思惟時，注意力會移向一個對境，然後移往另一個對境，然後移向第三個對境，是不是？移動的注意力即是煩惱的根源。為了斬除這注意力的活動，我們必須認識這注意力來自何處，在那一個剎那，瞋或貪立即消失。在看見這一點的剎那，沒有念頭，只有無念的覺醒。當我們認識本然的空性時，思惟消失了，然後念頭再度來臨，我們再度認識念頭來自何處，然後念頭再度消失。

舉例來說，你生氣，你認識它來自何處，然後瞋怒消失。藉由慢慢地、慢慢地應用此一修持，瞋怒的習性變得越來越微弱，你的心鏡變得越來越清晰。在有念頭的時刻，去認識思惟者，它如同擦拭一面鏡子一小部分的塵埃，你可以在拭去塵埃的部分，清楚地看見自己的影像。蔣貢・康楚說道：「在念頭之內，我發現無念。在無念之內，我發現本初覺醒。」當一面鏡子覆滿塵埃時，你看不見任何影像。如果你用針尖在鏡子上稍微刮一刮，你將會看見一點點鏡子。我們無明的思惟如同鏡子上的塵埃，你拭去的塵埃越多，鏡子上的影像就越清晰。

一旦你知道如何認識一個念頭的本質，就會知道如何去認識其他的念頭，其程序是相同的。它如同念誦法會的法本：當每一個偈子的最後幾行是相同時，法本不會每一次都重複這幾行，它只會說「及其他等等」，你不必每一次都去讀這幾行字，在那時，你就是知道這些字句。認識心性也是如此，你不必每一次都經歷吃力費勁的過程，只要去認識心性，就是這樣。思惟逐漸變得越來越微弱，生起的念頭越來越少，念頭與念頭之間的間隔自然而然地變得更加長久。自然的穩定力自行延長，它變成一分鐘、幾分鐘，甚至一個小時、兩個小時，所有這結果都逐漸地源自修持。在某個時候，五毒永遠消失。「離於念頭，但卻清楚地了知一切」，當我們離於念頭時，五毒如何能夠生起？

現在的問題是什麼？你只需要透過修持來熟悉對治的方法。當煩惱力量強大時，你可以說認識本初覺醒是完全不可能的嗎？不行，當然不行。不論煩惱的力量強弱，對治方法都會發揮作用。當然，你不是百分之百的穩定。在這時，誰是百分之百的穩定？這如同我之前所舉的例子，我們如同試著走路的一歲孩子，站起來後立刻跌下去。我們不是百分之百的訓練有素，我們剛剛認識心性，力量尚未圓滿。我們尚未長大成人，當孩子長大成人時，便會變得獨立自主。我們如同一個稚子，尚未有太大的力量，才剛剛找到自己的方向。

當你認識心性時，沒有什麼要看的東西。如果有一個東西，但是你卻看不到，那麼你可以為此感到難過悲傷。但是話說「不見一物，是無上之見地」，沒有什麼要看的東西，你需要了解這一點。你同意嗎？這即是達成共識，藏語的字義是「角碰角」（touching horns），也就是取得連繫。如果只有一個頭，就沒有「角碰角」，對不對？你不會取得連繫。當我說：「沒有什麼可看的事物，心是空虛的」，如果你認識自己的心性，看見心性沒有「東西」，那麼你就和我「角碰角」了。

如果佛陀曾經教導：「空性具有色、香、味、觸等等」，然後我們去看，卻沒有看見，那麼肯定有大麻煩，因為我們找不到這空性。但是佛陀沒有這麼說，他說：「空性沒有色、聲、香、味和觸。」不論我們怎麼尋找心，可曾發現它具有色、聲、香、味、觸？當你認識心性，看見「沒有什麼可看」時，你就和佛陀「取得連繫」。

當真正看到這一點時，你會啞口無言。它超越念頭、言語和形述，你能夠形容心性是什麼樣子嗎？如此修持，切勿放棄。一再地看見它「沒有什麼東西可看」，讓它保持本然的狀態，它將會越來越持久。如果你刻意去延長它，它就會變得充滿概念。切勿刻意延長它，也不要縮短它，見地應該離於概念，對不對？坐著沉思不會幫助你離於概念。

學生：當認識心性時，我們要如何處理不會消失的細微執著？

仁波切：如果真的認識本覺的狀態，在那個剎那，沒有念頭、煩惱或串習能夠留存。我們以記憶一首歌曲為例，這是一個串習或銘印。本覺本身離於串習或銘印，當這些銘印看起來不會消失時，這是因為我們對本覺的認識欠缺穩定力。當你把水傾倒在塵土上時，水和塵土混合在一起；但是如果你把水銀傾倒在塵土上，水銀完全不會和塵土混合，它保持完整而純淨。本覺如同水銀，它不會和串習混合在一起。我們擁有本覺的相似物是可能的，這種本覺的相似物混合了二元分立的心，這就如同二元分立的心的塵埃。

本覺既不會被困在被覺知的對境之中，也不會被困在覺知對境的感覺器官之中，它不會困在覺知的二元分立的心之中，也不會陷入任何事物之中。因此，本覺被形容為無垢法身，意思是指完美無瑕。如果本覺受到串習的影響，即使只有一點點，你就不能稱它為完美無瑕。本覺是指完全不受到任何障蔽、惡業或串習染污的狀態，正如同水銀不受到任何碰觸它的事物的影響。

大圓滿密續區分心與本覺，教導本覺如同水銀，二元分立的心如同水，被覺知的對境、感官和覺知的心之狀態如同塵埃。水銀不會受困，不會陷入這些事物之中，它不會受到這些事物的影響，不會與其同流合污；但是如水般的二元分立的心碰觸塵埃的那一刻，它立刻和塵埃混合在一起，變成泥巴。本覺原本就是穩定的，不會困在主體與客體的二元分立之中。心則如同水，不具有本具的穩定力，你把水倒進泥土的剎那，它完全滲入泥土裡。

每一個有情眾生都有心，不論了知與否，這心的本質即是本覺，有情眾生同時具有心和本覺。真正的瑜伽士（這條道路上的修行者）在揚棄二元分立的心態，心消失的同時，讓本覺的狀態留駐。在西藏中部的蘇色（Shukseb）尼寺，有一個偉大的女性大師阿尼洛千（Ani Lochen），每當有人請求她給予加持時，她都會表達一個願望。她手中拿著法器碰觸人們的頭說：「願你認識心性。」她對受其加持的每個人表達這個願望：「願你認識心性。」她總是說同樣的一句話。她從未說：「願你認識心。」她總是說：「願你認識心性。」換句話說，願你不再像水滲入泥土般陷入二元分立的心之中，而願你如同水銀般具有本然的穩定。

我們有必要去區分心與本覺。如果你陷入「心」中，你是一個「semchen」，意指「有情眾生」，但是如果你精通本覺，便是一個「rigpa dzinpa」，意指「持明者」（vidyadhara）❷。蓮花生大士證得四持明的果位，第一個持明果位稱為「異熟持明」，第二個持明果位稱為「壽命自在持明」，第三個持明稱為「大手印（大印）持明」，第四個持明稱為「任轉（任運圓滿）持明」。這是我們在修道上進展的方式。

❷「持明者」（vidyadhara）意指「智慧持有者」（knowledge holder），是經由深奧的方法，持有本尊、咒語與大樂智慧者。

第九章

疑慮

疑慮純粹只是另一個念頭。

如果你認識它的本質，念頭自然而然地消失。

在你認識其本質時，念頭無法停駐。

所有的執著消失了，

這種的了無執著自然而然地揭露了當下的覺醒。

學生：那麼疑慮呢？我應該怎麼處理疑慮？

仁波切：不論你是誰，在你達到菩薩地的初地（歡喜地）之前，你仍然是一個凡俗之人，有時將會感受疑慮。幾乎每個人都會懷疑，然而，是否有任何不同於念頭的疑慮？疑慮純粹是另一個念頭。如果你小心地認識思惟者的本質，那麼念頭就不可能在任何地方停駐。當發現這一點，你就已經征服了自己的疑慮，不需要任何其他的對治解藥。任何人都可能生起各種不同的種類的疑慮，不論你是誰，都是如此。在你真正對本然狀態建立必然的信心之前，你會輕易地陷入疑慮之中。你或許會想：「我是不是誤假為真？」或「我所了解的事物不是真正的究竟，或許有更好的、不會改變的東西是我仍然需要去發掘的。」

我們要清楚地了解，疑慮純粹只是另一個念頭。如果你認識它的本質，念頭自然而然地消失。在你認識其本質時，念頭無法停駐。所有的執著消失了，這種的了無執著自然而然地揭露了當下的覺醒。念頭無法停留，這是念頭的特徵，在你認識心性的那一刻，它就消失了。我們的本初狀態是無礙的空覺之一，念頭完全不是佛性本具的部分，在佛性之中，沒有念頭。如果能夠準確地指出空虛的品質在這裡，覺察在那裡，你就能夠有正當的理由說，有一個具體的解藥可以治療一個具體的念頭。我們製造念頭，也製造對治的解藥，不造作任何事物即是究竟的對治解藥。

認識心性，認識本然的空覺，能夠根除讓任何念頭停駐的基地。禪修者處理疑慮的最有效方法，不是用智識的答案去解決疑慮，而是用某種對治解藥來抵消那疑慮，用疑慮本身作為它自己的對治解藥。我們要認識那產生疑慮者的本質，認識那思惟者的特性。任何念頭的本源都是相同的──它源自空覺，在你認識本初狀態的那一刻，疑慮無法保持為一個具體的本體，如同懸浮在半空中的塊狀物一般，它純粹消失了。

疑慮當然會生起。你可能會想：「我的上師曾經談過本覺狀態，這似乎不是本覺狀態。我納悶什麼是本覺狀態，因為這不是本覺狀態，或許我的見地是錯誤的。」這種想法可以持續好幾天。「或許我應該前往印度，應該去這個地方之外的任何地方？」我們可能會有所有這些不同的念頭。為什麼不會呢？現在我們陷入這個由五蘊和五根組成的身體之中。因此之故，我們經歷改變，陷入輪迴之中。

當疑慮試圖絆住你時，要了解疑慮只不過是一個念頭。我再說一次，念頭源自無概念的覺醒，當你認識這無概念覺醒的基礎時，念頭消失了。如果我們能夠住於無礙的空覺之中，包括疑慮在內的所有念頭，都會消失殆盡。如果有一個疑慮生起，就要認識那產生疑慮者，你將看見其本質。一旦習慣這一點，你就會對自己產生信心而征服疑慮，且將會明白自己。你就不需要害怕疑慮，也不需要去想：「我不想要受到疑慮的煩擾。」那只不過是另一個念頭。

它就像這個電燈泡，當燈亮時，沒有黑暗。「了知的覺醒」（wakefulness of knowing，藏 rigpey yeshe）如同點亮的燈泡，在燈泡前面，黑暗有可能停留嗎？黑暗是「無知」的範例，而光亮則是「了知」的範例。你無法在光亮時有黑暗，同樣地，你無法在了知時而有無知。在認識心性的那一刻，三毒或任何其他的念頭無法停留，正如同黑暗無法在有光亮的地方存在。

認識你的心性。當有光亮時，沒有黑暗；當有黑暗時，沒有光明。黑暗是思惟，光明是本覺。你必須認識念頭的本質，因為思惟不是本覺，迷妄的思惟不是一切諸佛的覺醒狀態。在認識心性的剎那，思惟消失了，它消失在本覺之中。這不是說你必須丟開念頭，把「了知的覺醒」帶到面前，那只會是另一個造作。你只要認識本覺，疑慮就會消失。切勿懷抱疑慮和懷疑；相反地，我們要認識本覺。你需要具有穩定的自生覺醒，切勿太緊繃，也不要太鬆弛。話說：

你越鬆弛，你就越容易看見自性。
你越緊繃，自性就越隱藏。

不論發生了什麼事情，修行都仍然是一樣的。如果你從這裡走到菩提迦耶，它會是上坡、下坡和平地。如果你不放棄，繼續往前走，在某個時候你就會抵達菩提迦耶，對不對？同樣地，在此當下，你的自生覺醒住在這個由五蘊和十二處與四大（地、水、火、風）組成的肉身裡。這五蘊和十二處與四大都時時在變化，不管這些短暫無常的變化，只要繼續往菩提迦耶的方向走，不斷地修持。一再地修持「不散亂的非禪修」，連什麼也不觀修，但是連一刻也不要有所遺忘。一旦你認識非禪修，也就是你一旦保持不散亂，不去透過禪修來造作任何事物，你就沒有任何念頭。只有在開始思惟之後，你的心才會散亂。龍欽巴究竟的教導如下：

短時、多次；
如同從屋簷集水一般。

發現念頭沒有起源，即「遇見法身」

（仁波切彈指三次。）對初學者而言，非造作的自生覺醒不會維持超過幾秒鐘。自從無始以來，我們一直被念頭帶著走。在初始階段，認識心性的時間如此短暫不是一個問題。這不像佛經的教法所說的，你必須在一天之中進入禪修狀態數次，每次維持很長一段時間。「止」的狀態可以維持很長的一段時間，在掉舉與昏沉之間來回擺動。如果我們靜坐很長一段時間，肯定會覺得掉舉或昏沉。（仁波切彈指）短時間，數秒鐘——在這段時間之內，在你認識心性的剎那，就讓它保持「如是」的狀態。我們找不到一個字眼可以充分且適當地描述它是什麼樣子，那難以形容的明覺的本然面貌。你無法充分地讚美它，也無法找到任何可以批評它的字句，本覺真的是無法形述的。本覺明覺是完美無瑕的，具有所有圓滿的品質。你無法找到一個適當的字眼來形容本覺，無法找到一個可以完全涵蓋它的概念，甚至無法找到一個令人滿意的比喻來比喻它，它超越概念上的知識，那是「般若波羅蜜多」（智慧）的真正意義。即使連科學家都無法理解本覺，科學家知道他們能夠理解什麼，但是「般若波羅蜜多」意指超越充滿概念的心所能夠理解的事物。如話所說：

般若（智慧）超越念頭、言語和描述，
它如同虛空的特性一般，既無生也無滅，
它是個別的、自我了知的覺醒的領域。
我禮敬這三世諸佛之母。

這覺醒的狀態（本覺）不是形塑而成的，它如同虛空的本質一般，它無生、無成，但是它卻在我們覺受的領域之中，在每個人之中，我們可以體驗它，它在我們可以觸及的範圍之內。你無法認識其他人的心性，只能夠認識自己的心性，它就在這裡，不在某個其他地方，是自我覺察之覺醒（self-cognizant wakefulness）的領域。這自我覺察之覺醒是在你自己的覺受之內，你能夠了知這自我覺察之覺醒，可以自己體驗它。

當你對此感到懷疑時，去認識那超越念頭、言語和形述的事物。我們可能會充滿疑慮，在過去的生生世世之中，我們一直充滿疑慮，因此當然又會有所懷疑，為什麼不會呢？我要稍微逗一逗你們：如果佛性會說話，對你們說：「這就是我，就在這裡，不要懷疑我。」那就容易多了。但是佛性不會對你說話！你必須自己充滿把握。佛性不會說這樣子的話：「現在你看到我，我是佛性。不要懷疑！」

你的佛性既無生也無滅，因此不要把它當作一種威脅或承諾。想像一種事物既無成，也無滅、無住，如虛空般完全開放。是否有任何事物被阻擋在虛空之中？「自我覺察之覺醒」如同虛空，如同虛空的本質，這本覺的開放是無上殊勝的。思想或許看起來是持續不斷的，但是它卻是瞬間本質的流動，當新的念頭形成時，前一個念頭消失了。念頭確實會停止，一旦你把注意力放到第二個念頭之上，便忘記了第一個念頭。另一個方面，本覺是完全不息的，它不受到三時的阻礙。

再者，探查的念頭從何而來？你不會找到它的來處，它是「無生」的。第二，念頭在何處消失？它到某個地方去了嗎？如果某個人把你敲昏，你可以說心受到阻滯，思惟的能力停止了。「住」如同把一件物品放在一個地方，然後讓它留在那裡。當下的思惟住在任何地方嗎？昨天的思惟在哪裡，明天的思惟在那裡？試著去尋找所有這些念頭在哪裡，它們去了哪裡。首先，探查念頭生自何處，持續如此檢視，直到發現念頭沒有來處為止。在大圓滿的教法之中，這是一個重點：花時間去檢視念頭的來源，直到你發現沒有來源為止。發現念頭沒有起源，稱為「遇見法身」。

我們要繼續尋找念頭住於何處，去探查念頭在哪裡：它在這個身體裡面還是外面？它在這個世界的某個地方嗎？心是否有一個住所？當你了解到它「無住」（nondwelling）時，這稱為「遇見報身」。最後，念頭去到何處？當如此分析時，你不會發現任何處所。一旦你完全確定念頭沒有到任何地方，這稱為「遇見一切諸佛的化身品質」。

所以，大圓滿教法強調分析「無生」、「無住」和「無滅」的重要性，這被認為是一個非常重要的準備工作（前行），因為了悟念頭沒有起源，即是遇見一切諸佛的法身品質；了悟念頭沒有住所，即是遇見報身；了悟念頭沒有任何去處，即是遇見化身。簡而言之，你要了解心的這三種品質為無礙之空覺：空虛的本性、覺察的本質與無礙的能力。當你認識到這無礙空覺是你的自性的剎那，你就遇見了法身、報身和化身等三身。

心性看似虛空，沒有什麼東西可看

空性是指完全不具實體，了無一切實體。我們所看見、聽聞、聞嗅、品嚐和碰觸的具體事物，都具有某些實體，而心則不具有任何實體，這不是真的嗎？心沒有可見的形體，這不是真的嗎？它不是一種聲音，也不是氣味，不是嗎？試著去吃心，它嚐起來像什麼？試著去碰觸它，它摸起來平滑或粗糙？它是否像虛空般空虛嗎？我們可以使用虛空作為比喻，但不盡然。心可以感覺快樂或悲傷，但是虛空沒有感受。如果你想要知道心大略是什麼樣子，看一看虛空。如果你想要知道心的真實意義，那就去認識心性。

因此，你的疑慮究竟是什麼？請告訴我它的所在位置。你是否懷疑心是空虛的，或懷疑心是覺察的？你是否懷疑這空覺是無別之雙運？你或許會這麼想：「應該有某個本體被稱為心，這有什麼不對？或許心是在某處的一個圓形物體，而我沒有看見它。」這是你的疑慮嗎？

佛陀教導，心本身沒有色、聲、香、味、觸，也不是「法」（心的對境），佛陀稱其為空性（emptiness），不像他稱虛空為「空虛」（empty）和「空無」（void），這空性的「-ness」是指覺察（cognizance），如同「空性」的梵語「shunyata」的「-ta」。這佛陀說：「心是空覺。」這是虛空與心之間的區別，虛空是空虛的，而心則是空性。這「-ness」一向是指回到覺察之覺醒的品質。你從來不會說明覺是空虛的，而總是說它是空性。它是空虛的，但是卻有所了知。

「了知」是什麼意思？此時此刻，在這個身體之中，你可以透過眼睛來看，透過耳朵來聽，透過鼻子來聞。我們以一具屍體為例，它是一個沒有心的身體。屍體的那對眼睛能看東西嗎？那對耳朵能聽東西嗎？鼻子能聞東西嗎？舌頭能嚐東西嗎？屍體能感覺到平滑或粗糙的質地嗎？屍體的五種感官不會有任何覺知。我們肯定只有心能夠了知嗎？心是空虛且覺察的。某些人把這覺察比作一個燦亮的「東西」，如同「明光」（clear light）般閃耀，它代表一種覺醒感，一種清晰覺醒的品質，空無任何本體，並且自然而然地保持警覺。心不限於只有空虛或只有覺察，它不是兩者之一的，這無別的雙運稱為「能力」（capacity）：智慧與慈悲的能力——幫助他人的能力。

如果所有的佛行事業不是這持續展現之覺察空性的一部分，那麼這些佛行事業從何而來？如果這種能力受到阻礙，佛行事業之功德就無法展現。如果你想要徹底地封鎖這種能力，只需要某個人用一根鐵棍不斷地打你的頭，把你打昏即可。諷刺的是，有情眾生正在做一些類似不用頭腦的事情。在〈普賢如來祈願文〉之中，你會找到這句話：「不受到愚蠢黑暗的染污。」本覺不是愚蠢而不動腦筋的，那是因為二元分立的執著已經停止了。本覺是一種不停息的自生覺醒，不是時而喪失，時而重新獲得的事物；它如同河流，如同照耀的太陽那般從不間斷。你可曾聽說恆河停止流動？或曾聽說太陽時而照耀，時而停止照耀？即使太陽常常受到雲朵的遮蔽，有時甚至出現日蝕，它仍然持續不斷地閃耀。同樣地，這自生的覺醒從未離開過你，甚至連一剎那都沒有離開。當你認識本覺時，沒有念頭，沒有思惟；當你陷入思惟時，你就受到黑暗的控制，而沒有光明。所以，現在疑慮在哪裡？是否有任何疑慮殘留？疑慮在哪裡？

我要再逗一逗你們。你再度陷入疑慮時，如果你的自性探頭出來說：「嘿！我是本覺，我就在這裡！」然後對你說話，那就太方便了，但是它不會探出頭來對你說話。我們必須有所辨別，「辨別」是普賢如來的六種特殊功德之一，我們必須仿效普賢如來了證的過程。你不會認為普賢如來原本是某個活在很久以前的藍色老人，對不對？在這同一個剎那，在當下，我們必須維持這些相同的了證原則。你完全不需要造作，一旦你完全放下，過去、現在和未來的念頭就平息了。藉由放下，你就不再陷入過去、現在和未來三時的念頭之中。當你完全放下時，覺醒清晰地展現，看見「沒有什麼東西可看」，即是覺受，我們清晰地看見它「如是」的狀態。陷入過去、現在和未來三時的念頭，不是全然的放下，不是嗎？在這個時刻，甚至連一丁點東西都沒得看，我們需要認識這一點。如果有東西可看，而我們沒有看見，那就困難了。我們純粹要看見「沒有任何東西可看」，如果問一百個人「當認識心性時看見了什麼」，他們每個人都會說「沒有什麼東西可看」。我們或許會想：「我們需要看見某個東西」，但是那僅僅是一個念頭，其實沒有東西可看。當人們看見心性時，有時會感到失望，因為他們認為有東西可看，可是卻錯過了，而覺得自己尚未看見心性。但是本具的真如如同看見虛空，佛陀說：「人們說他們看見虛空，但是告訴我，他們究竟是怎麼看虛空的？」一個聲聞弟子問佛陀：「真如看起來是什麼樣子？」佛陀回答：「看看虛空。」虛空看起來是什麼樣子？你能夠說你看見虛空了嗎？當人們說他們沒有看見任何東西時，我稱那為「看見虛空」。真如（心性）看起來像虛空，因為沒有什麼東西可看、可聽、可聞、可嚐或可觸。如我稍早所解釋的，心性類似虛空，但是卻不完全相同。

處理疑慮的方式──認識產生疑慮者

在修持時，我們沒有必要在心理上去承認空虛的心，而去想「它現在是空虛的，它是空虛的」，這種想出來的空性完全沒有用處，它僅僅是一個念頭。空性不代表想像的空性，它本身是「如是」的，本然地自生，你不必把它想成那個樣子，它就是那個樣子。懷有「我們的心性是空虛」的這個想法，即是在建構一個念頭。既然不從事思惟是我們的任務，那麼為什麼要製造進一步的念頭？我們可能具有聰明才智，但是仍然會因為誤會空性而錯過了空性，造作空性的想法是一個錯誤。

一旦越來越習慣於無概念的覺醒，你就彷彿抵達一座完全由黃金打造而成的島嶼。在某個時候，你可能會在明覺之內尋找概念的思惟，但是不論多麼努力，你都不會在任何地方找到它。當環顧各處皆是由黃金打造而成時，你或許會尋找一般的石頭，但是將不會找到任何一顆普通的石頭，這就是你最後將面臨的情況。在那之前，你仍然需要修持，不是去從事禪修，而是去修持。當你完全習慣於本覺狀態之後，你可能會去尋找一個尋常的念頭，但是將會一無所獲。

在那之前，你要精進不懈，不是精進不懈地禪修，而是精進不懈地保持不散亂。「禪修、禪修」這個想法打從一開始就愚弄了我們。當我們聽到「不要禪修，不要禪修」時，我們或許納悶：「為什麼他們說從禪修開始，但是卻沒有要觀修的事物？」一切事物似乎真的都發生了。舉例來說，八萬四千種煩惱都發生了，雖然這些煩惱都可以濃縮為包含在行蘊之內的五十一心所，一切發生的事物都可以被包括在這五十一心所之內。我們可以藉由認識心性來處理所有這些心所，它如同「一座跨越百川的橋樑」——如果你知道這座橋樑的話。流自河谷頂端的這一百條不同的河川，都在河谷底部涵蓋在一座橋之下。這些念頭狀態不是同時發生的，它們一個接著一個地生起。但是在看見思惟者的本質是法身的剎那，八萬四千種煩惱都在同一個瞬間消失無蹤。

當我們為自己製造一個問題之後，另一個問題隨之而來。一切有情眾生製造自己的念頭，但是他們可能沒有覺察這一點。只有有情眾生會製造念頭，諸佛可能會尋找念頭，但是他們將一無所獲，因為智慧、慈悲和佛行事業都已經圓滿。事實上，「清淨圓滿」即是用來形容佛。

太陽是燦爛、溫暖而明亮的，我們注視著太陽，然後看到這些特質；同樣地，我們要純粹地去認識本覺的狀態。當有情眾生陷入念頭之中，他們受困於自己的造作。當我們越來越習慣於認識自生的覺醒時，這念頭的造作減少了，直到它完全被淨化、圓滿為止。

明覺智慧本來就是如此，我們的問題純粹是自己沒有認識自性。某些人認為，如果我們能夠非常努力地禪修，就能夠慢慢地、慢慢地「像擠牛奶般擠出」證悟的品質，並且擠得越來越多，直到最後完全獲得為止，這完全不是如此。證悟的品質本來就已經呈現，我們已經擁有這些品質。切勿認為只要費盡九牛二虎之力，就能夠通過修道，了證越來越多的本覺，直到完全了證本覺為止，這不是諸佛的教導。證悟從一開始就是本然而任運地呈現，我們越從事充滿概念的禪修，證悟的品質就越受到障蔽。我們的禪修遮蔽了任運展現的品質。

我們確實偶爾會產生疑慮，這不要緊。我們處理疑慮的方式，即是去認識產生疑慮者。接著，我們就會清晰而「如是」地看見「那裡沒有什麼東西可看」的這個事實，這本身就清除了疑慮。你是不是百分之百地肯定「沒有什麼東西可看」？或者你有時會看見產生疑慮者？

學生：沒有，我沒有。

仁波切：看見其本身即是明覺，沒有明覺，就不會有認識，它會如同虛空般，沒有東西可看。如果沒有明覺（本然的覺察），就不會了知「沒有東西可看」的事實，空虛與覺察這兩者是本初的雙運。那麼，我們怎麼能夠保有這樣的想法：有一個「我」這個東西，有可以被視為本體的、可見的心性的另一個東西？如果空性與覺察是雙運的，那麼怎麼會有兩種不同的東西？不要懷疑這是否真的如此，你需要去消除那疑慮。噶瑪巴讓炯．多傑在其〈大手印祈願文〉（Mahamudra Aspiration）中說道：

當我們一再注視未見的心，
我們清晰而如實地看見「沒有東西可見」的這個事實，
斬斷我們對心性存在與否的疑慮，
願我們無謬地認識我們的自性。

佛陀也說道：

當心注視心時，
未見乃眞見。
最甚深的佛經如是教導。

當你把注意力放在被覺知的對境上時，你如何能夠看見這注意力的本質？讓覺知的心認識它本身——它的自性。在那時，你真的能夠聲稱自己無法看見心性嗎？

在那時，你可能會開始在心裡確定：「喔，是的，這是『空虛』的意義」，或「這一定是覺察」，或「現在我了解雙運的意義」，我們不必如此地把自己的了解概念化，你的本初狀態已經是無礙的空覺。在指出這一點之後，如果你把這「了解」視為修持，那麼就是在用念頭愚弄自己。在無礙空覺的時刻，沒有念頭的存在，如果你用想出來的空性來支持這本然的空性，會發生什麼事情？這只會導致更多的念頭，而念頭本身則助長了進一步的輪迴。當我們應該了無念頭時，坐在那裡持有更多的念頭只會使輪迴繼續下去。自生的覺醒已經了無念頭，不需要去使它離於念頭，如果我們想著某件事物，好讓它變成自己所想的樣子，那就等於是在和輪迴握手。重點在於：不要禪修，不要散亂。

切勿過度喜歡存有疑慮，切勿聲稱你有權疑慮，因為疑慮純粹是另一個念頭。當你需要離於念頭時，切勿緊抓著念頭不放！疑慮一直都只是一個念頭。因此，如果你開始有這個念頭，只要去認識產生疑慮者的本質即可。在你看見這一點的那一刻，疑慮就不會像一件物品般留在某個地方，不會有一塊疑慮留在那裡。因為疑慮是空虛的，所以在你認識其本質的剎那，它就消失無蹤。瑪姬・拉準（Machig Labdrön）❶曾經對魔羅說

❶瑪姬・拉準（Machig Labdrön, 1031-1129）：帕當巴・桑給（Padampa Sangye）的弟子。她成為其上師傳授之施身法（Chö）的持有者。

道：「連我都沒有看見你，甚至連三世諸佛都沒有看見你。」思惟是一種活動，這活動本身是空虛的。如果你對這思惟投降，它立刻就把你丟入輪迴三界之中。在你認識思惟者的本質的剎那，念頭消失無蹤。

學生：在本覺中，可能有思惟嗎？

仁波切：本覺狀態不是不知不覺，它有一種本然的明燦，可以讓任何事物映現於其上。這種映現的特質也稱為「rang-tsal」，意指「自然的表現」。自然的表現可以有「內觀」（藏sherab）或「念頭」（藏namtog）兩種形式，「像內觀般移動的表現是解脫的；像念頭般移動的表現是迷惑的。」這其中有巨大的差異。當這種表現像內觀般移動時，在它看似移動的同一個時刻，它已經解脫了。沒有實際的生起，這是一個非常重要的重點，你無法同時擁有黑暗和光明。

去分辨以下這個事實是重要的：在本覺狀態之中，沒有念頭；在本覺狀態之中，不可能有念頭。當太陽升起時，黑暗無法停留，一根毛髮無法留在一團火焰之中。只要心有一剎那的散亂，你就失去了本覺的相續。唯有因為這種喪失，也就是無明（marigpa，無知），思惟才有可能開始移動。這種喪失相續性（遺忘和散亂），稱為「俱生無明」。我再說明一次，思惟是指我們因為無知而把事物概念化，唯有在無明出現，在喪失本覺時，思想才會開始。在不散亂的本覺之中，沒有念頭可以開展。我無法更加強調這一點：在本覺狀態之中，沒有念頭！

當然，我們所維持的本覺狀態會在某個時候終止，如同被敲響的鐘聲逐漸消散一般，本覺的相續終於止息。正是在那時，在喪失本覺之後，思惟重新出現。然而，就在那時，幾乎在念頭重新出現的同時，如果你立刻認識本覺，我們稱其為念頭的「rangshar rangdröl」，即指念頭「從你自身生起，並且解脫於自身」。這不會在本覺持續的時候發生，這是不可能的。首先，注視著它，然後放下。對本覺的認識持續一陣子，正如同你已經敲響了鐘。不散亂有一種本然的相續性，正如同鐘聲自行持續下去，你不必再度敲鐘來讓鐘聲繼續下去。對於初學者而言，這種持續性只維持很短一段時間，或許三秒鐘。在這其中，有一種本具的、自行展現的穩定性，它不需要刻意加以維持。它不是我們所想的：「現在我必須讓自己保持不散亂。」這不是必要的。有一種本然的不散亂感。（仁波切示範認識本覺，然後放下。）

在某個時候，你的心會散亂，然後開始思惟，它會變成一連串的念頭。在那時，你可以重新認識本覺。如果你立即認識本覺，那就是「念頭從你自身生起，並且解脫於自身」，這讓本覺狀態幾乎是連續不斷的。但是，我還是會一再地重複這一點：在真正的本覺狀態之中，沒有念頭。

第十章

修學的核心

不觀修「在那裡」的某件事物，而要自在安住；
不緊緊執著於「在這裡」的某件事物，而要保持遍在；
不住於在「那裡」和「這裡」兩者之間的任何事物，
而要保持全然的開放。

偉大的西藏大師兼譯師毘盧遮那（Vairotsana）❶曾經寫下這首四句偈：

在不可思議的法界本然狀態之內，
不散亂地置入難以言說的明覺。
如果一個念頭生起，它從你自身生起，也融攝於自身。
沒有更勝於此的根本見地、禪修或教導。

虛空與明覺的雙運，是我們的真實本質

毘盧遮那所說的這首四句偈，是所有「見」、「修」、「行」的核心。我的根本上師桑天・嘉措造訪西藏東部囊謙（Nangchen）地區的拉恰寺（Lachab Gompa）時，曾經教導這首四句偈。那時，他即將傳授兩個灌頂，這兩個灌頂是第一世蔣貢・康楚的伏藏「雅卡」（Yabkah）和「永卡」（Yumkah），它們是屬於密意（Secret Essence）的桑體伏藏（Sangtik terma）。當他說明蔣貢・康楚的無上功德，以及他是毘盧遮那的

化身等等事蹟時，他因情緒激動而哽咽，簡直無法繼續下去。大約哭了二十或三十分鐘，然後才重新開始講授，接著再度情緒崩潰。這種情況前所未見，他從未像這樣因為虔敬心而無法自已。灌頂花了一整個早上的時間，事實上，他一直到下午過了一半才完成灌頂。他使用毘盧遮那所說的這首四句偈作為基本架構，給予如何體現修行心要和重點的教導。

你聽說了關於虛空（藏ying）與明覺（藏rigpa，即本覺）的重要雙運。藏語「ying」代表梵語的「dhatu」（界），是指法界（dharmadhatu）——本初虛空的本然狀態。法界不是某件你可以想像的事物，因為它不是概念上的事物，不可思議或「無可想像的」法界不是念頭的對境。在這個本初狀態之中，沒有散亂，只剩下不可言說的明覺，只剩下難以言喻的明覺不散亂地存在於法界之中。念頭可能會從你自身生起，但是也消融於你自身。念頭從你自己的明覺中出現，但是在你認識產生念頭者的那一刻，念頭便在你的自性中消融。

本初虛空（法界）代表什麼意義？它是指了無造作，沒有起始，沒有當下，也沒有結束。它沒有名稱，如同實際的虛空般超越因緣。我們從未與了無造作的虛空分離，甚至連一剎那都沒有分離。它是心的本質，它原本是空虛的，了無根基的本質——法界的本質。所有其他的事物來自某處，它們都有一個源頭，但是了無造作的虛空沒有來處。

❶毘盧遮那（Vairotsana）：西藏的大譯師，是七位首批受具足戒的西藏比丘之一。他是蓮花生大士與師利．興哈（Śrī Simha）的大弟子。

不了知自己的本質即是無造作的虛空，即稱為「無知」或「無明」；以本然的覺察了知這一點，即稱為「本覺」。如果我們沒有無別於無造作之虛空的覺性，就無法了知真如實相，這種無別被形容為「虛空與明覺的雙運」，或「虛空與覺醒的雙運」。這兩種品質的雙運也以普賢如來及其佛母作為象徵，本初虛空是普賢佛母，覺醒的了知則是普賢如來。

這種雙運是我們的真實本質，虛空的品質是法身，自我了知的覺醒是報身，而認識這種雙運的剎那是化身。實際上，法身、報身和化身三身是我們的自性。如果你沒有認識到何者為真，那麼造作的覺受將以無數種不同的方式接管。於是覺受被視為心去覺知、生起念頭和煩惱、製造業行和輪迴狀態的對境，而輪迴永無止境地以各種不同的方式被創造出來，這種情況被稱為「諸法（dharmas）掌控法性（dharmata）」，即造作的現象掌控了實相。然而，在認識本然面貌的那一刻，造作的諸法融攝於法性之中。

這裡有一個比喻。在這個世界上，你有白天與黑夜；法性如同白晝，造作的諸法如同黑夜。在白天，黑暗消失，你無法在任何地方找到它。同樣地，在我們沒有認識本覺的那一刻，就如同白晝逐漸退入黑暗。這當然是一個粗糙的例子，但是原則在於，在你認識本覺的那一刻，迷妄消失了，正如同黑暗在破曉之際消失一般。

所有的輪迴與涅槃，所有這些狀態都只在這單一的本初虛空內產生，在所有這些各式各樣的覺受之中，你可以認識自己本然的面貌。當認識這本初虛空的那一刻，你就沒有要棄絕的輪迴，也沒有要成就的涅槃。對凡俗的有情眾生而言，有白天與黑夜，在白天時，黑暗消失了，在夜晚時，日光消失了。對這些有情眾生而言，有「白天」與「黑夜」這兩種不同的詞彙，但事實上，只有一個本初虛空，它時而黑暗，時而光亮。在白天，黑暗隱藏潛伏，如同念頭和迷惑消退沉潛，但在夜晚，光亮則隱藏潛伏，如同在黑夜的光亮，了知的覺醒仍然隱藏潛伏在無明的狀態之中。這不表示「了知的覺醒」消失了，或無法挽回地喪失了，它只是隱藏潛伏在二元分立的心之中。在認識本覺，且修持獲得一些穩定之後，念頭消失，如同夜晚在旭日東升之際消失一般。對本初佛（Primordial Buddha）——本覺——而言，沒有輪迴與涅槃的二元分立，然而，對完全沒有認識這一點，或只是稍微有所認識的人而言，肯定有日與夜（輪迴與涅槃）之別。他們如果不是陷入思惟之中，就是處於有本覺的剎那。在這兩種時間之中，相對的狀態都是隱藏潛伏的。

讓我們繼續毘盧遮那的偈頌：「如果一個念頭生起，它從你自身生起，也融攝於自身。」念頭不會來自其他地方，它們從你自己的心中生起，如果你知道自己的本質，念頭也消融於你自身，就如同在水面上作畫一般。在水面上作畫的同時，所作之畫也消融於水中，如同一隻鳥飛過天際，不留痕跡。

「沒有更勝於此的根本見地、禪修或教導」，在你認識本覺為「見」的那一刻，這即是「修」，這即是「行」，這即是「果」。在那一刻，所有的輪迴與涅槃都瞬間消失在本覺狀態之中。當你對本覺的認識達到完全穩定的狀態時，輪迴完全消失在涅槃之中，你的心在白天不散亂，在夜晚也不迷惑，只有獨一的本覺。

放棄作者和所作的行為

在佛教之中，當我們使用「nyamshak」一詞時，是指禪修狀態的真正意義是平等、平靜。在認識本覺的那一刻，我們不需要去接受或排拒、避免或接納、希望或恐懼。無論情況為何，其中都有一種「平等」。這種「平等」的基礎即是這當下的覺醒，沒有這當下的覺醒，我們就會是一具死屍，只不過是肉身或色相。然而，我們現在之所以活著，是因為這當下的覺醒。一旦你認識這不接受或排拒、不證實或否認、不希望或恐懼的當下覺醒，這本身就足夠了。它不是你來自昨天或前晚的心，不是來自明天或下個月的心，它是這當下。它在哪裡？你能夠找到它嗎？你能夠找到這剎那嗎？認識這當下的覺醒。讓你的心認識它本身，然後你會立即知道沒有什麼可見的東西。這正如第三世噶瑪巴讓炯．多傑所唱的：

觀察對境時，它們被視爲心，了無對境。
觀察心時，沒有心，因爲它空無本體。
觀察兩者時，二元分立的執著任運解脱。
願我們了證心的明光本質。

在檢視外在對境時，你了解到沒有真正的對境，只有覺知的心。在認識這心的本質時，你發現它不具本體。當檢視主體與客體時，二元分立的執著消融了，一個具體的客體和一個分別的具體主體都不存在了，覺知者與被覺知者的二元分立崩解。

「願我們了證心的明光本質」，在此，「明光」是指本覺是空虛而覺察的。實際的虛空不會是明晰的，它沒有了知其本身或其他事物的能力。這是為什麼本覺被稱為「充滿了知的無礙空覺」的原因，它是無謬誤、本初、本然的狀態。如果你不加以造作，而純粹讓它保持「如是」的狀態，那麼覺醒狀態就會在此時此刻任運顯現。你立即的、本然的當下覺醒本身即是真正的普賢如來。

簡而言之，放棄作者和所作的行為，安住在無為之中。當修持放棄作者和行為時，便趨近無為。作者和行為是指主體與客體的結構，當認識心性時，你是否發現念頭生起的處所、它居住的地點，以及它消失的位置？就在那個時候和那個地方，你已經達到了無為的狀態。如此思量：你可曾找到虛空的來處？你可曾找到虛空起始之處？你可曾找到虛空停留和它消失的地點？這即是所謂的「了無心的造作」、「超越生、住和滅」，它也是所謂的「無為」。當某件事物沒有生、住和滅時，我們可以百分之百地肯定它是空虛的。

因此，心是空虛的，但是如果它只是空虛的，就不可能有歡樂或痛苦，或有淨土和地獄的體驗。由於它們肯定是可能的，因此它證明了心既是空虛的，也是覺察的。因此之故，而有輪迴與涅槃、歡樂與痛苦、喜悅與悲傷，善三道和淨土是善業之果，下三道和伴隨而來的痛苦是惡業之果。下有輪迴，上有涅槃，在輪迴與涅槃之間是善業與惡業的道路，我們無法否認這一切。

這一切如同一場夢，我們尚未從無明的深眠中醒來。我們通常一面睡覺、一面做夢，在我們清醒的那一刻，便不再做夢，諸佛、菩薩就如同某個已經從睡眠中清醒的人。我們有所有這些不同的夢境——令人感到歡悅的、不悅的、美好迷人的和可怕的夢境，但是在我們清醒的那一刻，它們在哪裡？它們到哪裡去了？由於這所有的夢境都只是串習，那麼它們怎麼會有來處或去處？同樣地，所有在白天生起的不同覺受，都產生在二元分立的心之內。當二元分立的心在本覺內中止的那一刻，也就是思想消融的那一刻，「了知的覺醒」就展現了。這「了知的覺醒」即是了無念頭的心性。

我已經告訴你們「心的故事」。現在你們需要去修持無造作的當下覺醒，而唯有透過認識心性，才有可能做到這一點。知道如何認識心性，如同打開電燈，除非你按壓開關，電燈才可能開啟。當你按壓開關，電燈亮起時，你自然而然地就會遇見充滿了知的空覺。這正是有情眾生從來不去做的事情，他們不知道如何認識心性，不打開自己的電燈。如果他們打開電燈，這充滿了知的空覺一味將會自動地展現，因為我們的自性即是法性，心性即是本覺。但是即使有情眾生確實瞥見本然的狀態，也不知道那是什麼，他們不認識它，它轉變成為阿賴耶識的不同狀態。

當你面對自性時，如果不開始奮力地投入「止」和「觀」或凡俗的迷妄，你就已經看見了心性。它看起來不是東西，因為它不是「東西」，因此沒有你可以貼上標籤或描述的東西，沒有可以形成概念的東西。它超越念頭、言語或描述，這即是「般若波羅蜜多」，它超越任何可以被了知的主體與客體。讓我再次重複這著名的引言：

般若波羅蜜多超越念頭、言語和描述，
它如同虛空的特性一般，既無生也無滅，
它是個別的、自我了知的覺醒的領域。
我禮敬這三世諸佛之母。

由於般若波羅蜜多存在於覺察覺醒的個別領域之中，因此，每個人都能夠了知。在此，「領域」（domain）是指我們有可能認識般若波羅蜜多。我們所認識的般若波羅蜜多，不是我們能夠思及、形容或透過範例來說明的事物。這種了知是三世諸佛之母，它被稱為「般若波羅蜜多」——偉大的母親（Great Mother）。這覺受的品質稱為「佛父」，空虛的品質稱為「佛母」，它們的雙運是本初佛普賢如來及其佛母不變光（Changeless Light）。「不變光」這個名號具有深刻的意義和重要性，「頓超」法的本質即是不變光；就口語用詞而言，本覺居住在一幢光屋之內，而本尊（本覺化現的面向）即是這光屋。法身普賢如來居住在五佛部的房屋之內，這幢房屋即是光屋。

學生：我知道我應該把修行融入日常生活之中，但是包括我自己在內的大多數人似乎都不這麼做，而白白浪費生命。我應該如何把修行融入日常生活之中，以使我的修行迅速

地達到精通的程度？

仁波切：你必須修持「三善法」。首先，當坐下來修行時，你需要一個依止，即皈依三寶，這是聲聞乘修行的核心。第二，發起菩提心，生起這樣的決心：「願一切有情眾生離苦得樂。願一切有情眾生都被帶領至正等正覺之境！」這是大乘修行的核心。除此之外，要提醒自己：身體是覺醒者的壇城，你可以把自己想成釋迦牟尼佛、蓮師或本尊的身相；想像自己的聲音是心咒，這心咒可以是觀世音菩薩的「Om Mani Padma Hung」（嗡・嘛呢・唄美・吽）、蓮師的「金剛上師咒」❷，或釋迦牟尼佛的「Tadyatha Om Muni Muni」（迭雅塔・嗡・牟尼・牟尼）等等。如果你沒有找到特定的本尊，你也可以只念誦一切善逝（佛）的心咒「Om Ah Hung Svaha」（嗡・阿・吽・斯瓦哈）。藉由念誦此咒語，所有的身相都變成本尊充滿意義的身相，所有可聽聞的聲音都變成充滿意義的咒語。

你要認識自己的心性，讓心充滿意義。你生動而清晰地看見「沒有什麼東西可見」，當你認識心性之後，它不再是隱藏的或抽象的，而是真實的，清晰而生動地展現，不需要加以分析。在這個當下，過去的念頭已經消失，未來的念頭尚未到來。不要用新的念頭來追繼當下的念頭，這是一切有情眾生做的事情，永無止境地把新的念頭加在眼前的念頭之上。當我們不再加上新念頭時，念頭與念頭之間的連結瞬間中斷了，而這中斷的時刻離於三時，沒有過去、現在和未來。當我們離於三時的造作時，其本身即是清淨的明覺——心的本質，這稱為「白晝期間的本然封印覺受」（naturally sealing experience during daytime）。

事實上，這是「平等成佛四部」（four sessions that equalize buddhahood）的教導的第一部分。第一部分「白晝封印覺受」是指你應該在白天認識明覺的本質，當風息—心（prana-mind）的活動消融於本初覺醒之中時，呼氣與吐氣的過程完全停止。我們可以微微地吐氣來作為開始，想像這是一把斷了琴弦的西塔琴。然後，讓心停留在沒有過去、現在和未來念頭的狀態之中，如同讓水流轉向的水車。不論你有什麼樣的覺受，是好或壞，只要像一個觀看孩童嬉戲的老人一般，住於無恐懼與希望的狀態之中，住於穩定的明覺之中。

我將簡短地說明其餘的三個部分，然後再詳細地加以探討。接下來是兩個夜晚的部分：「在黃昏，任運收攝感官」和「在夜晚，持覺醒於瓶中」。前者是傍晚的修持，後者是夜間的修持，所以是在黃昏和夜晚的修持。「在黎明，甦醒本然明覺」是指在對著天空叫出「Hah」（哈）這個種子字的同時，把種子字「Ah」（阿）推上去，據說可以清淨明覺。

如果要進入比較細節的部分，我們應該在天色變暗時修持「拙火」（tummo），這是以種子字「A-Hang」（啊——吭）和用充滿大樂的暖熱來觀想火為基礎。在肚臍之下，以短「A」（啊）的形式展現的紅色元素，具有暖熱本質，也是金剛亥母的心髓。

❷「金剛上師咒」也稱「蓮師心咒」，咒語為：「Om Ah Hung Vajra Guru Padma Siddhi Hung」（嗡・阿・吽・瓦札・咕如・貝瑪・悉地・吽）。有時也念為：「嗡・阿・吽・班雜・咕如・貝瑪・悉地・吽」。

在中脈頂端，以上下顛倒的種子字「Hang」（吭）呈現的白色元素，是大樂的本質，也是勝樂金剛（Chakrasamvara）❸的心要。這紅色和白色明點（bindu）兩個面向稱為「本初身」（basic body），它們是金剛亥母和勝樂金剛，在身體形成的那一刻原原本本地呈現。一旦你從上師那裡領受了教導，你就可以深度地修持「拙火」。簡而言之，燃燒（blazing）❹與下滴（dripping）❺的修行產生了充滿大樂的暖熱。

你藉由「拙火」的修行法門，想像經由身、語、意和這三者結合所創造出來的一切惡業，以及你所有的障蔽和串習，都完全被淨化，徹底被燃燒殆盡。然後，你把充滿大樂的空性（樂空）供養給住在自己身體、脈、風息和明點內的空行和空行母，你的身體變成像水晶球那般無垢無瑕。你要從黃昏到傍晚修持這種形式的「拙火」。在「平等成佛四部」的背景脈絡之中，雖然正行是任運的，但是在最初，你仍然需要用一點努力來提升任運的狀態。

「在夜晚，持覺醒於瓶中」，這是指你要想像在心間，有一個明燦的種子字「Ah」（阿）在一朵四瓣蓮花之內，這種觀想可以促使你認識「睡明光」（luminosity of sleep）。當你要入睡時，以佛陀入滅時所採取的斜倚臥姿躺下，這個姿勢也稱為「睡獅臥」（或稱「吉祥臥」）。把你的右手放在右臉頰之下，左手置於大腿上，兩腿平行伸直。在那時，你不必把身體想像成任何一種特定的身相，保持其自然的狀態即可。心臟是你身體最重要的部位，因此想像你的心間有一朵四瓣蓮花。這朵蓮花不是它實際的樣貌，而是一朵亮紅色的四瓣蓮花，其內有一個一寸大小、象徵心的種子字

「Ah」（阿）。如同電燈照亮室內一般，這個「Ah」（阿）字照亮你的身體內部，其散放出來的光芒延及一支弓箭射程的距離。當你的心安住在本覺之中，它的光芒散放得更遠，照亮你周圍的整個區域，根據法本所說，它照亮「整個山谷」。這種化現的品質是一種被稱為「具有特性之圓滿次第」（completion stage with attributes）的生起次第。你在入睡時，以這種方式來觀想心間的明燦「Ah」（阿）字。當你的心安住在本覺之中，然後慢慢地在那種狀態中入睡。

剛開始，你確實會失去意識一陣子，確實會睡著，然而在那睡眠之中，總是有認識心性的可能性。當那發生時，我們稱為「在深眠期間捕捉明光」（capturing the luminowity during deep sleep），覺受暢通無阻，完全開放。雖然你沒有看見周圍的事物，身體仍然處於睡眠的狀態，但是它如同發生在深眠之中的完全覺醒狀態。藉由修持，我們有可能習慣於那種狀態。同樣地，我們剛開始要觀想，然後純粹安住在那種狀態之中，沒有任何專注的焦點。

第四個教導是「在黎明，甦醒本然明覺」，其作法是，在你清醒的那一刻，身體坐直，然後大聲說出「Hah（哈）！」這個字。在此同時，你想像在心間的「Ah」（啊）

❸勝樂金剛（Chakrasamvara）是《阿底瑜伽》本尊，為《母續》最高成就的本尊。主要形象為四面十二臂，與之雙運的佛母為金剛亥母。

❹燃燒（blazing）是指拙火（紅明點）在肚臍下燃燒。

❺下滴（dripping）是指在中脈頂端的白明點因拙火上升而融化下滴。

字向上射，一路從頭頂穿出進入上方的天空。它明亮燦爛，清晰可見。在它開始消退之前，你只要把注意力專注於其上即可。在此同時，你要認識心性，因此本覺和虛空變得融合無別。最後，當它開始自行消融時，想像它的尺寸增大，無別於廣大的虛空，這是遍在覺醒的一個依止，這種專注完全離於執著，安住在無執著的明覺狀態。專注有兩種：有執著和無執著的專注，一般而言，當我們修持生起次第時，這稱為「有執著的專注」。而在大圓滿體系之中，我們所有的專注是「無執著的專注」。

這四種教導「白晝期間的封印覺受」、「在黃昏，任運收攝感官」、「在夜晚，持覺醒於瓶中」，以及「在黎明，甦醒本然明覺」，被稱為「平等成佛四部」，這些是日與夜的四部。「平等成佛」是指如果你修持這四種教導，便永遠不會與諸佛分離。當你在日、夜四個時間修持「平等成佛」時，切勿強迫或催促，一切都要輕緩而放鬆。因為心本身是空虛的，所以我們無法強迫它。強迫它不會有幫助，對不對？

在為修持三善法作結行時，我們要記住，每一天、每個傍晚、每個早晨，我們要把修持的結果和善德迴向，並且發願。不論你修持何種本尊，你總是要記得迴向功德。

學生：我覺得除非從事閉關，我將無法在佛法上有所成就。但是就我的情況而言，我無法無間斷地閉關。在領受了如此甚深的教導之後，我感到痛惜遺憾。我應該怎麼辦？

仁波切：事實上，感到挫折是好的，下一步是針對這種感受採取行動。如果你沒有感到懊悔或失落，便將永遠不會閉關修行。我們聽聞過去偉大的大師們修行的經過，他們建議弟子們去做「山間的孩子」，把野鹿當做友伴。如果你想要以這些大師為仿效的對象，就要這麼做。

另一方面，我們似乎無法真正地這麼做，因為在生活之中，我們有修行的問題與障礙。因此，你應該採取折衷的作法。例如，每年閉關六個月，出關六個月；或者每三個月從事一次閉關。隨著你越來越進一步的修持，它變得越來越不困難。你也可以從事兩個月密集的修行，然後出關工作賺錢，再閉關修行，這或許比較實際可行。放棄一切，居住在山間洞穴是困難的作法。

尤其，如果你已經有了家庭，以及在金錢上和情感上仰賴你的人，這麼做就不是那麼容易。如果你拋棄他們，他們會感到難過悲傷，如果你處於這種狀況，就無法永遠離開他們。儘管如此，閉關仍然不是不可能的。如我所建議的，你可以從事兩個月的閉關。

為什麼過去一切諸佛和大師都鼓勵修行者去偏僻的地方獨自修行，這是有原因的。這單純只是因為在這樣的地方，令人散亂的事物較少。在平凡的生活中，我們非常輕易地陷入各種的事務和工作之中，而消耗自己的注意力，使我們無法在三摩地上有任何真正的進展。藉由停留在安靜的處所，令人散亂的事物就已經斷除了一半。所以，一切諸佛都說：「留在山間僻靜處，或叢林之中。」

佛陀本身以他的生命為例，拋棄他的王國、宮殿和一切的奢華，為未來的修行者顯示了一條道路。佛陀不帶執著地拋下這一切，彷彿它們是一團唾沫。一旦把口水吐了出來，口水躺在塵土上之後，我們就永遠不會要試著把那團口水收回來了，對不對？那是佛陀給予修行者的傳統範例，如果那不是仿效的範例，佛陀就不會那麼做。如果有其他可行的方式，佛陀就會採取其他的方式，而樹立一個不同的範例。

這麼做有一個非常清晰的理由。因為從無始的生生世世以來，我們已經把感官（五根）、感官的對境（五塵）和認知三件事物連結在一起的習慣，徹底地深植於內在。老實說，在一天二十四小時之內，一個凡俗之人很難有一剎那的時間真正住於非造作的本然狀態之中，這正是相反於佛法修行的習慣，我們需要去培養三摩地的習慣。在剛開始，它似乎非常困難，除非我們放棄平常的工作，並且和這些工作保持距離，否則將沒有機會去改變心根深柢固的負面習慣，它就是不會發生。

所以，一切諸佛和偉大的大師們都鼓勵人們尋找安靜的處所，培養對佛性的穩定認識。大手印傳統告訴我們，藉由修持「三孤寂」（three-fold solitude），我們會越來越接近內在本具的三金剛，並且了證三金剛。大圓滿傳統告訴我們要放棄九種活動，當我們忙於日常生活的事務之時，就不容易遵循這甚深而不可思議的教導。這就是所有偉大的大師鼓勵修行者閉關的原因。

學生：我們應該如何建立組織一個「立斷」法的閉關？我們如何把一天區分為數座，並且建立出某種架構？

仁波切：你們需要去學習「gomdra」——禪修閉關的原則，它不同於「drubdra」——儀軌閉關。在禪修閉關期間，修行者常常坐在外面。修行者應該把閉關保持適中的狀態，不要太過艱困或嚴苛，這一點非常重要。一次禪坐的時間可以上達三個小時——大約在這個時間範圍之內，大多數的人無法從黎明靜坐至黃昏，他們需要休息上廁所和用餐，也需要放鬆。如果你把一個閉關設定為從早晨到傍晚不間斷地靜坐，大多數的人會受不了而放棄那種修行，它將不會是成功的閉關。佛陀曾經說，修持的外在形式應該因時、因地，換句話說，它應該適合當地人。

即使修行者可能希望開始閉關，但不是每個人都已經完全了解心性，並且「奠定了本然狀態」。如果上師不在那裡指點你，那麼你應該已經先領受了教導，如此即使在沒有其他老師的情況下，你也可以做自己的老師。如果沒有其他人引導你，你應該回想上師的教導。此外，你要研讀禪修手冊，要去發現教法如何符合自己的覺受，直到對本覺有完全清晰的了解為止。檢視自己的覺受，直到發現它完全離於任何主體與客體的執著為止，這是你從內在成為自己的指引的方式。在某個時候，你應該達到確定性的無疑境界，即使遇見一百個班智達都說你錯了，你仍然心無疑慮，沒有人可以從外在給予你那種確定性的無疑。不論你是和老師在一起或獨自一人，真正的老師總是你自己和你的覺受。在最後的分析之中，首先你要自己了解教法的內容；第二，你要清楚地知道自己的覺受是否與上師所解釋的一致。

本覺修持的重點是這樣的：不觀修「在那裡」的某件事物，而要自在安住；不緊緊執著於「在這裡」的某件事物，而要保持遍在；不住於在「那裡」和「這裡」兩者之間的任何事物，而要保持全然的開放。「自在安住」、「遍在」和「全然開放」是本覺的三個重點。所有其他的修行通常都卡在這兩者之中：記住有一個「在那裡」的對境，或專注於內在的某件事物。如果修行者不專注於在「這裡」或在「那裡」的任何事物，那麼他通常會認為，必須要保持介於這兩者之間的一種狀態，這就變成了傳統的「止」的修行。

放下這三個參考點，全然的明晰和開放是本覺的重點，在藏語中，這稱為「zangtal」，意指「暢通無礙」。它如同這裡的窗戶，透過這個窗戶，你可以暢通無阻地看見整個河谷。另一個比喻是篩子，篩子讓倒在上面的液體一滴也不剩地直接流下。在修持本覺時，我們應該要了解，開放無礙的品質是最重要的要點。換句話說，不要執著於外界，而要自在安住；不要專注於內在；不要持有介於前面兩者之間的參考點，這即是「zangtal」。

現在我要說一則發生在西藏東部的「貢札」（gomdra）❻的故事。有一次，第二世秋吉・林巴應邀前往卓千寺（Dzogchen Monastery），他們在那裡舉行一個儀軌閉關。我的父親吉美・多傑做為秋林祖古的侍者，陪同他一起前往，我就是從父親那裡聽到這個故事。在「貢札」裡，大約有六十名禪修者，他們全都在外面修行。這六十位禪修者以五、六個人為一組，背脊挺直地成排坐在外面。在他們頭部的前方和後方，正好位於頸部下方的高度，有兩縷細繩懸掛在兩根竿子之間。如果他們睡著了，頭往前或往後移動，那根細繩就會斷裂。在那時，「貢札」的戒師就會過來說：「嘿，你把繩子弄斷了！」

在從事那種修行時，修行者在座上期間，身體連一寸都不應該移動。而在本覺狀態期間，修行者應該完全放下。此外，修行者不應該移動眼睛。對初學者而言，不去眨眼是困難的，但是在最後，修行者的眼皮可以保持不動。為了確定禪修者的眼皮保持不動，「貢札」的戒師有時會把紅色的紅丹粉（sindhura）放在禪修者的眼皮之下，如果他們眨眼睛，那麼一些紅色的粉末就會沾在眼睫毛上，提供了他們眨眼的證據。即使在「貢札」，他們也沒有從早晨到傍晚不間斷地靜坐，而把靜坐分為數座。這是完全放棄九種活動的例子。

❻「貢札」（gomdra）即禪修閉關。進入「貢札」之前，行者通常已經歷一次或多次涵蓋了前行、本尊法、內瑜伽的「儀軌修持閉關」。此時的修持將針對大手印四瑜伽的單純訓練，或針對「立斷」與「頓超」。

第十一章

與帝釋天共餐

當在清閒無爲的心性狀態達到穩定時，
你自動就會升到輪迴三界之上，
甚至會超越天眾之王帝釋天。
你會變得更加開放，更加自在無慮。

對一切事物了無執著，把明覺留在了無依止的虛空，本覺是無法辨識的。一個參考點可能會是這樣的見解：「這是經過證實的本覺。」如果有一個參考點（焦點），就沒有如虛空般開放的明晰。當你用步槍瞄準一個標靶時，這個就稱為一個參考點。你要如何瞄準天空？天空沒有可以讓你專注於其上的標靶。如果有一個這樣的目標：「現在這是本覺，我正在瞄準它」，它就變成概念上的和受到侷限的本覺。我再重複一次，本覺有三個特徵：（一）不想像有任何事物在那裡地自在安住；（二）不專注於內在某件事物的遍在；（三）不把自己放在前兩者之間的任何狀態的全然開放和暢通無礙。在寂天菩薩的《入菩薩行論》之中，有一句非常重要的話，解釋了中觀的最終見地：

在智識之前沒有實體或非實體的那一刻，
沒有其他的心相（**mental form**），
因此有了無概念的全然寂靜。

本覺的三個特徵

在針對《智慧心髓次第道》所作的釋論注解之中，卓越傑出的大師竹．蔣揚．札巴（Ju Jamyang Drakpa）把實體和非實體解釋為存在與不存在的見解。就覺受而言，不論我們持有本覺是一個存在的事物的想法，或本覺是無物的想法，這兩種想法都是念頭。當不持有任何見解時，我們的心中就沒有任何其他的事物。換句話說，完全離於專注，離於執著，是真正的見地。龍樹菩薩（Nagarjuna）說：

> 持有它存在的想法，即如動物般迷妄。
> 但是持有它是無物的想法，則更迷妄。

我們不需要持有本覺是非實體的想法，也不需要懷抱本覺是一種持續不斷的本體的想法，因為不論我們的想法是什麼，這兩種想法都只是概念。只要有某種見解或參考點，它就遮蓋了本然，遮蓋了開放的本初自在狀態，也就是遮蓋了本覺。

我們需要離於常見和斷見這兩種邊見，「常見」是相信某個本體是永恆的，而「斷見」則是相信完全沒有任何事物存在。一旦我們落入這兩種邊見的任何一種，對某種概念的執著就會生起，我們需要遠離這種情況。所以，竹．蔣揚．札巴談論不持有「存在」見解的心態，也談論不持有「不存在」見解的心態。當我們的心不持有任何事物時，心就不會陷入思惟之中。一切事物都包含在這三句話之中：

不想像外在的任何事物，即是自在安住。
不把某件事物束縛於內，即是遍在。
不住於這兩者之間的某種狀態，即是無礙。

這即是人們對本覺所作的描述：不想像那裡，不把某件事物綁在這裡，以及不住於這兩者之間的任何事物。在這三個例子之中，有一種了無概念的心態。「自在安住」是指你不專注於在那裡的某件事物，或不觀修在那裡的某件事物；「遍在」是指不把在這裡的某件事物綁在你的心中；「無礙」或「開放」是指不住於這兩者之間的任何事物。我們也可以說這三種特徵是：（一）不向外投射；（二）不向內專注；（三）不把注意力放在這兩者之間的某種狀態之上。當我們不做這些事情時，這即是見地，這就足夠了。不向外投射，不向內專注，不把你的心放在這兩者之間。於是，沒有什麼事情要做，你已經達到了無為的境界。這是真的嗎？

如果你告訴某個人：「不要到外面去，不要留在裡面，也不要停留在內、外之間！」那個人要怎麼辦？他肯定沒有什麼事情可做，對不對？見地即是無為，意指它不是一件要去做的「東西」，我們需要去了證這無為的見地，而放棄「有事情要去完成」的見地。「有為」是指有某個作者和某種行為，如果你放棄這兩者，那會發生什麼事情？一旦你放棄了它們，就剩下它們的本質，也就是普賢如來和普賢佛母，他們什麼事情也沒做。沒有要做的事情，只有真如，這是我們需要去了悟的見地。

正念、警覺和覺醒

究竟而言，只要我們嘗試去想像、觀想或禪修，仍然是在束縛自己。身為初學者，我們不得不這麼做。剛開始，我們確實需要用某種努力和精進去禪修，以達到任運的狀態。話說：「精進之道通至任運。」在中觀之中，刻意努力去禪修稱為「正念」，它是指專心留意，有一種警覺感、認真感和謹慎感，最後，它變得離於四種限制和八種造作。根據大手印的說法，這種努力稱為「警覺」（watchfulness）。警覺如同一個牧人觀看牛隻，注意牠們是否喝水或吃草。要強調的是，「警覺」伴隨的是去注意心的狀態，你需要某個人時時觀察心。在大圓滿的傳統之中，它稱為「覺醒」，在覺醒之中，正念和明覺是無別的。在這時，正念和本覺——明覺（rigpa-awareness）不是兩件不同的事物。

大圓滿的修持離於觀察者和被觀察者，在大圓滿之中，覺醒了無細微的主體與客體的造作，而這種造作通常存在於正念之中。在大圓滿之中，正念是本覺，本覺是正念。當我們開燈時，燈自行照耀，這是殊途同歸的結果，一旦燈被打開，我們就不需要做任何事情。當然，為了要有光亮，我們需要做兩件事物：牆壁上的開關，以及打開開關的動作。覺醒如同自行照耀的燈，在刻意的正念消失之後，就是正念變成任運的時候。簡而言之，這是正念、警覺和覺醒這三個偉大見地的精髓。

老實說，對一個初學者而言，沒有提醒的正念，就不會對心性有所認識。這稱為「刻意的正念」（deliberate mindfulness）。這是二元分立的心提醒你去認識心性，而「看見沒有東西可看」是本覺，即離於二元分立的覺醒狀態。藉由修行的覺受，我們會清楚地認識這種狀態。換句話說，瑜伽士能夠區分刻意的正念和本覺之間的差異，但是初學者就沒有辦法。所以在剛開始，「提醒」是不可或缺的。畢竟從無始的生生世世以來，本覺一直被困在二元分立的心之中，心性一直迷失在心的表現之中。

迷失在心的表現之中，或無法區分心性與心的表現，有如把陽光和太陽混為一談。如果你問什麼是太陽，一些人會不太確定太陽是陽光或高掛在天空上的球體。然後某個人必須說 「不，這裡的光不是太陽本身——往天空上看。」你往天空上看，然後看見太陽，你回答 「喔，是的，那才是真正的太陽。」這個例子說明心性與心之表現兩者之間的差異。凡俗的有情眾生被困在心的表現和思惟之中，他們把照耀世界的陽光誤認為太陽。如果我們仔細地檢視情況，我們將會得出陽光不是太陽本身的結論，太陽本身在天空上。即使太陽的展現（太陽的表現）可能同時出現在成千上萬個不同的池水之上，但所有這些顯相都只是太陽的倒影，而不是太陽本身。

我們能夠區分事物本身和事物的倒影嗎？為了達到證悟，我們必須看見心性與心的表現之間的差別。有情眾生的心性是無礙空覺，但是他們卻困在心的表現之中。當然，有情眾生的心一直都是無礙空覺，但是他們的認知卻執著於主體與客體。沒有二元分立的存在，有情眾生卻認為它是存在的。因為這種二元分立的執著，輪迴才永無止盡地持續下去。諸佛、菩薩不執著於任何二元分立，因為他們已經認識心性本身，所以，沒有困在心的表現之中，而住於心性之中。簡而言之，有情眾生的心和佛心之間的差異在於，有情眾生被心的表現牽著鼻子走，而諸佛則穩定於心性之中。

我們已經擁有真正的太陽

佛心是空虛與覺察的雙運，完全了無執著；有情眾生的心是空虛與覺察的雙運，但是卻有所執著。因此，有執著和無執著不是有差異的嗎？在此「執著」代表什麼意義？「執著」如同相信映照在水面上的太陽即是太陽本身。諸佛、菩薩如同一個了解天空中的太陽是真正太陽的人，因為有這種了解，這個人不會受到太陽的展現形式所欺騙。當心開始表現時，如果你認識到這種表現的起源，便達到了心性；如果追隨念頭的對境，那麼就會迷失在心的表現之中。為了讓心的表現顯露成為內觀，你必須認識心性，這如同認識太陽本身。如果認為映現在水面上的太陽是太陽，你將永遠不會看見真正的太陽，只會看見它的倒影。

我再重複說一次，凡俗之人認為映現在水面上的太陽是真正的太陽。太陽和它的光芒是無別的，任何念頭的本身是空覺的雙運，但是這念頭本身卻沒有任何的了知。如果我們把注意力放在倒影之上，就會有一個主體和客體，這是二元分立產生的方式，這即是「顯相蒙蔽人」這句話的意義。有水時，就可能有倒影，這即是二元分立。然而，在認識太陽本身的那一刻，就沒有二元分立。有情眾生的心追逐自心的倒影，並且困在其中，那即是輪迴——陷入主體與客體的執著之中。

真正的瑜伽士在這個第一個階段斬斷注意力的活動，他從一開始就認識太陽本身，而沒有把水中的日影誤認為太陽。認識真正的事物——我們的空覺，這稱為「認識心性」。如果背對太陽而追隨水中的日影，你可以繼續追逐水中的日影十億劫，也不會看見真正的太陽。因為主體與客體的重複連結，念頭變得永無止境，永無停息，如同觀察清晰水面的倒影。諸佛、菩薩在最初的階段就斬斷了心的活動，他們在注意力移往一個對境之前，就有了認識，然後就沒有需要陷入虛假謬誤和虛幻之中。在不偏離而進入心的活動之中，我們如何能夠創造輪迴？在沒有覺知者和被覺知者二元分立的情況下，什麼能夠創造輪迴？

心性的空虛品質如同虛空，心性的覺察品質如同陽光，空虛與覺察的雙運如同陽光照耀的虛空，如同白晝的天空。這種天空是我們稱為「本初虛空」的例子，而了知這一點即是本覺。本初虛空與本覺的無別雙運，即是本初佛普賢如來，了悟這一點稱為「在根基上覺醒」或「本初狀態」。這正是有情眾生沒有了悟的事情，我們把本初狀態的根基弄亂了，並且相信映現在水面上的日影即是太陽本身。水如同三界，而且有如倒影在水面上移動般、六種流轉於輪迴的眾生則是主體。簡而言之，我們困在虛假謬誤之中，這種情況發生在我們身上直到今天。

此處的底線是，我們要知道如何去認識心性，認識心性即是涅槃，不認識心性即是輪迴。如果不知道要到哪裡去尋找太陽，你將怎麼看到太陽？這是一切有情眾生所處的狀況：他們擁有佛性，卻沒有認識到自己已經擁有佛性。我們自己已經擁有真正的太陽，卻不知不覺地緊緊抓著主體與客體、覺知者與被覺知者不放，正如同誤信水面上的日影是真正的太陽一般。日影永遠不會是真正的太陽，瑜伽士不相信倒影為真相，因此知道如何去看見太陽。對於這樣的人而言，沒有覺知者與被覺知者的二元分立。在他的注意力移動之前，瑜伽士沒有讓注意力往客體的方向移動，這時他就已經看見了它的本質。有情眾生沒有在最初的階段斬斷注意力的活動，反而追逐自己所想的事物，除了沒有看見心性之外，也無法停止念頭的活動。在沒有看見心性的情況下，念頭的活動持續不斷，如同水面上的漣漪或串在一條線上的珠子，一個接著一個，從無始以來一直到現在，想著一件事情，接著想著下一件事情，然後又想著另一件事情等等，永無止境。

真正的見地在於觀看的方法。如果你迷失了自己，你如何從觀看另一個處所來找到自己？如果你迷失了，你能夠跑到哪裡去，能夠跑到多遠去尋找自己？在大圓滿之中，這稱為「大象在你的房屋之內，你卻到叢林中追蹤大象的足跡」。

大聲說出「Phat」，幫助你認識心

如果你想要把這一切精簡濃縮為一個要點，那就是：只要認識你自己的心。你只要大聲說出屬於殊勝的語灌頂的種子字「Phat」（沛），有時就能夠幫助你認識心。當過去、現在和未來三時的念頭崩解之後，除了心性之外就沒有剩下任何東西，我們所能記憶、思惟或規劃的一切，全都屬於過去、現在或未來的念頭。當我們大聲說出充滿力量的種子字「Phat」（沛）時，大多數的人都會變得不知東西南北、茫然空白、脫離狀況。如果我們沒有因而認識心性，光是脫出的狀況就變成一種中立而無記的狀態。如果你認識心性，那麼這種脫出本身即是離於三時的念頭。如果認識心性，你就不會陷入不辨東西南北的感覺之中，但是如果你陷入這種不辨東西南北或脫出狀況的感受，就落入了失念之中，而輪迴就是從阿賴耶識無所覺察的面向中展開。

在大聲說出種子字「Phat」（沛）、離於三時念頭的那一刻，認識心性的品質需要呈現出來，如此我們才不會無所覺察或失念。它不像某個人用鐵條敲你的頭，在那種情況下，你絕對不會認識心性。失念即是愚蠢，在愚蠢之中，沒有三毒之中的喜歡（貪）和討厭（瞋）這兩種毒，但是第三種毒「痴」卻出現在失念之中。愚痴的相反是在認識本覺之後的了知品質。

在大聲說出種子字「Phat」（沛）時，瑜伽士認識了本覺。如此修持，你是一個真正的禪修者。非禪修者大聲叫出「Phat」（沛）字，一點幫助也沒有。在康區，一些裝

懂吹牛的瑜伽士很會演戲，他們把長髮綁在頭上，雙眼凝視虛空。他們會神情茫然地注視著你，然後說：「你難道沒有看見一切事物都只不過是心，而心的一切事物都是空虛的，萬事萬物皆是心的奇幻展現！你能不能看到這一點？」」接著，他們說：「我現在要對你指出本覺」，他們大聲叫出種子字「Phat」（沛）。但是，如果要對某人指出本覺，你自己必須認識本覺，並且處於本覺狀態之中。如果那個大師是假貨，弟子尚未準備就緒，那麼大聲叫出種子字「Phat」（沛），只不過是對二元分立的心有約略的了解罷了！

除非你對心性有穩定的認識，否則就不會體驗到這張桌子是空虛的。（仁波切敲他的木桌）如果你對心性有穩定的認識，就不會沉入水中，不會被火焚燒，不會受到大地的阻礙。一個裝模作樣的瑜伽士說：「一切顯相皆是心，萬事萬物皆空」，他尚未達到這種層次的了證，那只是一種想像的空性。如果對你而言，「一切顯相皆空」是真實而明顯的，那麼你的心就不會執著於任何事物。在死亡時，你以虹光的形式脫離這個肉身，即是了證一切顯相皆空的明證。身體是彩虹，一切顯相是透明的，你可以自由自在地穿過山巒或牆壁。雖然在瑜伽士的覺受之中，一切事物都是暢通無礙的，但是在凡俗之人的一般覺受之中，卻完全不是如此。一個了證的瑜伽士無所不能，可以像魚般游水，如鳥般飛翔，因為他的身體如同彩虹。當蓮師和他的二十五位弟子離開西藏時，沒有留下一具屍體。在西藏中部的葉巴（Yerpa），蓮師有八十位修道有成的弟子，在其他地方，他有三十五個了證的弟子和二十五個空行母，他們全都證得虹光身。

在噶舉四大派、八小支派之中，有許多大師也能夠如鳥般飛翔，把他們的披肩如雙翼般展開直上雲霄。在這些大師之中，有三位來自康區，是岡波巴大師的弟子，其中一位是瑟同・修貢（Seltong Shogom）。在囊謙王住所上方的一個洞穴之中，瑟同・修貢變成隱形，證得天應體（celestial body）。①空行母們根據噶當派（Kadam）的比例，在洞穴內用沙子製作了一座舍利塔，從洞穴地面到舍利塔的距離有十三層樓高。後來人們必須興建一座十五層樓高的寺院，以達到該舍利塔。這位成就者瑟同・修貢有五百位能夠和他一起飛翔的弟子，今天你仍然能夠看見他們降落的地方，他們在岩石上留下一團腳印，總共有五、六十個。在早晨，當他們飛向西方時，所有的腳印朝向西方；在下午，當他們從西方飛回來時，所有的腳印朝向東方。當你看見所有這些腳印時，你會感到不可思議，這不只是一個故事。直貢噶舉派（Drikung Kagyu）和竹巴噶舉派（Drukpa Kagyu）有許許多多有成就的瑜伽士和瑜伽女。他們的成就是可能的，因為他們已經精通三摩地。

問與答

學生：我如何能夠保持明覺的狀態，而不喪失見地或落入「止」之中？

仁波切：阿難（Ananda）曾經請求佛陀：「請告訴我如何保持空性的見地，就呼吸等等而言，我正遇到困難，不只是心理的困難，也包括生理的困難。保持空性的見地不是一件容易的事情。」阿難繼續說道：「如果我專注，我會變得緊繃，它變得非常困難。但是如果我放鬆，就會忘記空性的見地，開始去想別的事情。我應該怎麼做？」

佛陀說：「你曾經知道怎麼彈西塔琴，對不對？」

阿難回答：「是的，我知之甚詳。」

佛陀繼續說道：「你要如何從每一根琴弦中彈出完美的琴音？你要把琴弦調得非常緊，還是讓琴弦保持鬆弛？」

阿難回答：「不，既不緊繃，也不鬆弛，而是在緊繃與鬆弛之間保持完美的平衡。」

佛陀說：「那麼你已經明白了。這正是如何保持空性的見地的方法。」

阿難說：「我了解了。」

如果我們放下，就會變得健忘，如果太過緊繃專注，我們就會製造身心的困難。因此，你應該按照佛陀的教導來修行！你或許知道怎麼彈吉他。你知道怎麼調音嗎？什麼是最好的，把弦調得非常緊，還是保持鬆弛？

學生：持中最好。

仁波切：對！這正是佛陀的教導。如果我們完全放鬆和放下，修行就不知不覺地陷入散亂之中。我們需要把焦點放在如虛空般的空性見地之上，但是你如何能夠專注於虛空？

①《彩虹繪畫》（Rainbow Painting）詳細解釋了這個故事。

試著用手去抓住虛空很長一段時間。除了一雙疲累的手之外，你得到其他的結果嗎？疲累的手是你唯一獲得的東西。因此，我們不能透過緊繃來達成。但是如果完全放下，你就會落入散亂，修行就會因而消散。是不是這樣？相反地，你應該像阿難所說的：「不要太緊繃，也不要太鬆弛，而要持衡。」這是你應該修持空性的方法。

學生：修行者是否可以使用一些技巧，提醒自己在座與座之間保持正念，例如當我陷入日常生活的活動、工作等等時。每一次當我記得要保持正念時，便發現距離上一次保持覺察時已經過很長一段時間。這讓我有點難為情，納悶我是否可以用任何技巧來提醒自己？

仁波切：好，我要問你一個問題。當你看見一隻小鳥正在吃一粒穀子時，那小鳥會一邊吃，一邊立即地往上看，頭部做出這樣的動作（仁波切示範一隻鳥一邊吃一邊四處張望的樣子）。牠時時刻刻做出這樣的動作。牠為什麼這麼做？

學生：牠害怕在頭頂上方飛翔的老鷹。

仁波切：是的。我們可以輕易地把一輩子的時間花在思惑的「黑暗的滲透」之上，而這比那些老鷹更危險。這樣的損失遠比一隻鳥的生命來得巨大。正如同恐懼提醒鳥去張望、張望一般，讓失念的恐懼提醒你。如果你憂懼那隻「無所覺察、心散亂」的老鷹，並且把這種憂懼牢記在心，你就會像小鳥般一再提醒自己。當你提醒自己時，立即認識心性。如果你不提醒自己，那麼還有誰會這麼做？如果你不把自己弄到乾燥的陸地上，還有誰會把你從水中拉出來？對你而言，最重要的事情是什麼？是讓你分心的工作，還是獲致解脫和證悟？

學生：獲致解脫和證悟。

仁波切：在今生，我們工作的真正目的是什麼？第一，積聚金錢；第二，保護金錢免於消失；第三，囤積物資。這些是世人所從事的三件工作：積聚財富，持守財富，以及增加財富。我們今生的主要努力是去賺取金錢，追求可以用金錢買到的享樂。首先，人們費盡九牛二虎之力去積聚金錢。接著，他們必須保護這些金錢，以免於被人盜取或消失。我們從來不會為自己所擁有的事物感到快樂，只想需要擁有更多、更多、更多，所有的投資都必須增長。這種活動只會讓你繼續留在輪迴之中，難道這不是真的嗎？多麼荒謬！金錢無法替你買到解脫和證悟！這不是百分之百真確的嗎？

對你而言，最重要的事物是什麼？致富比較重要，還是透過禪修而了悟內在的本質，並且完全離於痛苦比較重要？我們通常害怕痛苦，希冀快樂。所有輪迴的痛苦和歡樂、恐懼和希望，能夠為我們做些什麼？在今生，歡樂能夠幫助我們，但是無法在下一世或未來的生生世世幫助我們。三摩地的狀態（認識你內在的本質，並且使這種認識達到穩定的狀態）能夠根除所有未來世的痛苦。在未來世中，你甚至不會聽到「痛苦」這個詞，你會從一個快樂的狀態前往下一個快樂的狀態。在這些事物之中，哪一個具有最高的價值和最大的利益？

學生：後者。

仁波切：三摩地，這就是了！你不必去囤積三摩地，不必去持守三摩地的狀態，不必去增加三摩地，在你認識心性的那一刻，可以完全放下三摩地。它如同巴楚仁波切所說的：「放棄，放棄，放棄一切；放棄一切即是為了眾生的福祉而努力。」你現在沒有足夠的衣食嗎？你的身體健康，對嗎？你要了悟，沒有什麼要去積聚，沒有什麼要去持守，也沒有什麼要去增長，否則你就會變成財富和享樂的奴隸。這樣只會導致更多的輪迴，更多的三界和三種痛苦不幸的狀態。

除了放棄積聚和擴張財富之外，就沒有什麼事情要做了，對不對？在這之中，沒有太多的繁忙。當在清閒無為的心性狀態達到穩定時，你自動就會升到輪迴三界之上，甚至會超越天眾之王帝釋天。你會變得更加開放，更加自在無慮。它如同著名的俗語所說的：「不論你走到哪裡，快樂的太陽都會照耀。不論你跟誰在一起，都會完全地輕安自在。」這不是一種優點，一種良好的結果嗎？你想要再次投生於輪迴，然後死亡，然後又再生嗎？這是你想要的嗎？

學生：不是。

仁波切：我是在逗你。

學生：那是一個真正修行者的妙計。

與帝釋天共餐

仁波切：你了解了，非常謝謝你！了解這一點的人，配得上「修行者」的稱呼。這樣的人將升到這個世界之上，你可以和天眾之王帝釋天坐在一起共餐。相較於坐在死後要面對的閻王及其牛頭使者和羊頭使者旁邊共進午餐，與帝釋天共餐不是更好嗎？如果和閻王、牛頭和羊頭使者共餐，你唯一要擔心的是：「吃完午餐以後，他們會帶我到哪裡去？」坐在帝釋天旁邊快樂地用餐，要比這好多了。

因此，我們有這兩條路，只有一條可以往上。我把帝釋天當作一個例子，但是他仍然在輪迴之內，我們甚至有比帝釋天更好的地方可以去，例如化身或報身佛土。另一條路向下，閻王的牛頭使者和羊頭使者把他們的繩索套在你身上，拖著你下至無間地獄❷，那將會是什麼樣子？此時此刻，我們正在這兩條道路的分隔點上。你要選擇哪一條道路？

學生：我想要往上走！

仁波切：你現在已經做了選擇，掌握了要往上或往下的力量，現在你正在岔路上。這不是我發明出來的。這是諸佛、菩薩達到這條道路的方式，這是你的選擇。諸佛、菩薩也說：「哎！在獲得殊勝人身之後，沒有什麼比忽略佛法修行更愚蠢的了。」忽視佛法修行如同精心安排自己的失敗，如同提供自己毒藥。它如同你達到山巔之後，把自己投入

❷無間地獄是一個巨大無邊、充滿燃燒熔鐵的鐵屋，由十六個近邊地獄所環繞。在此處的眾生承受著各種痛苦，包括被以熔銅漿灌入口中，因為再沒有別處比這裡有更大的痛苦與折磨，所以得名。犯了五無間罪者，以及對金剛上師產生惡劣逆見的密咒乘修行者，會投生此處。

無底的深淵。

請修行！如我之前所說的，坐在帝釋天旁邊用餐要好太多了。然而，帝釋天和其他天眾之王仍然置身於輪迴之中，把帝釋天和佛陀相比較，如同比較小指和拇指，其中有著天壤之別，帝釋天並沒有證悟。藉由這個教導，我們可以獲得證悟，超越天眾之王帝釋天的狀態，像我們這樣的菩薩，該以成佛為目標。我在逗你。然而在逗弄之際，也有些許意義。

請好好修行！如果你好好地修持，變得更加穩定，今生你將不會有太多麻煩。此生不必要那麼艱難，要自在無慮，今生的目標、任務和計畫都如夢如幻。當事情不順遂時，凡俗之人會因此感到抑鬱而不知所措，當事情成功時，他們會興奮得不能自已。我們不需要像那樣子，像凡俗之人那樣肯定是困難的。窮人有貧窮的困擾，富人有富裕的困擾，沒有人是快樂的，也沒有人認為自己已經足夠了。窮人因為不足而感到痛苦，富人總是因彼此忌妒而不快樂，他們永遠不覺得「現在我已經足夠了」。

我的叔叔德喜（Tersey）祖古告訴我：「永遠不要和在你之上的人比較，因為你永遠不會快樂。總是會有某個人比你更富裕、更有權勢、更優秀。把自己和那些低於你的人相比較，就好太多了。如果你把自己和窮人比較，你會想：『我是富有的，事實上我過得去。』否則你將永遠不會感到滿足。」我的叔叔常常說：「拿一個較低下的例子，這樣你就會比較快樂。不要去看勝過你的人，你將永遠不會快樂。」如果你想要在今生獲得快樂，就把自己和乞丐相比。他們用一根手杖遊走四方，背著一個背包乞討食物。

如果你把自己和這樣的一個人相比較，就會永遠感到心滿意足。

學生：我們如何在念頭生起時斬斷它？

仁波切：我們可以藉由認識心性來斬斷念頭，在同一時刻，見者消融而顯露出覺醒的狀態。在此，見者相同於二元分立的心之狀態，一個消失，一個被留在身後。二元分立的心消失，三毒和五毒也消失了，對不對？這樣的結果是，我們看見了本覺。當瑜伽士認識心性時，念頭的活動在初始階段就被斬斷。在那時，還有什麼其他的事情要做？坐在那裡想：「我不會再製造任何念頭，不會去思惟。我不喜歡這思惟，我要爆破一萬個核子彈來終止思惟。」這樣想有幫助嗎？這麼想根本不會有幫助，請好好地了解這一點。一萬顆核子彈能夠阻止有情眾生的心去思惟嗎？幸運的是，你不需要這麼做，只要去認識思惟者的本質即可，而這個本質即是空覺。在看見這空覺的同時，思惟消融了，這是唯一的途徑。思惟是心的表現，它不是來自任何其他地方，在看見心性時，心的表現消融了。因此，教法教導，我們是自己最佳的解藥。你的念頭不是來自任何其他的地方，它們是你的自性的表現，當你看見心性時，心的表現已經消融。

你的心性是念頭的基礎或根源，看見心的空性，消融了心的表現，念頭便已經消失、崩解。如果你的念頭不是心性的表現，那麼你就必須去做其他的事情；如果念頭來自其他地方，那麼你就必須在其他地方阻止念頭。但是，輪迴的三界從何而來？此三界是我們自性的一種表現。如果不了知這種表現的本質，我們就會繼續在輪迴中流轉。除此之外，沒有其他原因能讓我們在輪迴中繼續流轉。

所有不同的世界、所有不同的覺受、所有不同種類的眾生，都是這心性的表現。這心性本身是不穩定的，正是這心性偏離進入讓這一切生起的表現之中。在你認識這表現的本身的那一刻，輪迴的三界消失了；相反地，你開展了法身界、報身界和化身界，我們透過認識這心性，而了證這些最勝妙的名號。如果我們沒有認識心性，欲界、色界和無色界就會因此而開展。有情眾生的歡樂和痛苦、喜悅和悲傷，全都因他們沒有認識心性、陷入心性的表現之中而生起。

你們知道以前嬉皮所服用的、讓他們產生各種幻覺的迷幻藥嗎？事實上，這些幻覺都不存在，它們都只不過是心的魔幻展現。當這魔幻消失時，它如同從睡眠中醒來，當你在早晨醒來時，昨天晚上所做的夢不留痕跡。佛陀便曾經教導，一切如夢如幻，我們難以了解「如幻喻」，因為今日沒有真正的魔術師，他們只是來自印度玩弄戲法的騙子。如我告訴你們的，過去有真正的魔術師。

然而，你知道那些都是夢，對不對？如果你夢見自己發現一大堆錢，或者夢見自己陞座為世界君王，那麼當你醒來的那一刻，會發生什麼事情？這些夢具有任何的真實性嗎？或許你夢見自己被殺害，身體被拋入河中，但是當醒來時，你仍然躺在床上。為什麼會這樣？這是因為你只是在做夢。我們之所以做夢，是因為我們睡覺，在這種狀態之中，所有虛幻的事件似乎真正地發生。同樣地，清醒狀態在「迷妄思惟的睡眠」期間展開，我們所經驗的一切有如夢境。諸佛的迷妄覺受已經清除，他們從這夢境中醒來，因此人們才如此經常地使用「如夢喻」和「如幻喻」。輪迴於三界和六道的眾生，其歡樂和痛苦、喜悅和悲傷皆如夢幻。

如果我們不知道「我們是自己的最佳解藥」，沒有認識自性，那麼我們當然不會注意到，自己所認為的「人生」純粹是夢幻。在認識心性的那一刻，你不必去想一切皆夢幻，它已經被清除了。事實上，如果你真正地覺醒，所有的虛幻都已經消失。迷妄的覺受如同雲朵，一旦雲朵消散，太陽本然存在的品質就會展現。

第十二章

大圓滿的專門術語

大圓滿的「根」、「道」、「果」和「見」、「修」、「行」，
如同畫在半空中的三條線。
一旦你往後看，那三條線在哪裡？
這三條線之間沒有分隔，沒有區別。

沒有真正的二元分立，從佛陀的觀點來看，輪迴、涅槃和修道都是法身的領域，當我們了悟法身時，一切事物都是非造作的本初覺醒。然而，當我們因為無明而把「一」理解為「二」時，就可能會把一個看似真實的地點，以及有一個看似真實的「我」在這個地點出生視為真實。從個別的有情眾生的觀點來看，肯定有輪迴，肯定有人在其中流轉。

然而，完整單一的法身領域不是某種本體，它非造作的本質甚至杜絕了「一」的概念。當完全了證這非造作的法身領域，我們就不可能維持二元分立的想法。所以，不會再有「某個人」在某個地方投生，這是因為要讓「生」這件事成為可能，就必須有「地點」和「某個被生出的人」的概念。但是對諸佛而言，再生是不可能的，因為諸佛已經沒有二元分立。

了悟本初清淨和任運顯現之本然雙運

二元分立的錯誤來自我們沒有了悟自己本然無二的狀態。在佛性的覺受之中，沒有主體與客體的真實存在。然而，因為執著於被我們體驗為主體與客體的事物，看似存在的主體與客體的二元分立於焉產生。這種情況一而再、再而三地被強化，直到它看似真實而堅實。在一般的佛法專門術語之中，這「二元」被稱為「覺受與空性」或「顯相與空性」，在實際上，這些是合一雙運的。話說：「只要二元分立沒有成為『一』，就沒有證悟。」二元必須成為「一」，「一」離於造作。但是記住，在這個「一」之中，沒有什麼可以執著的事物。

在法身的遍在虛空之內，
報身如同陽光般清晰展現，
化身如彩虹般爲了眾生的福祉而行止。

「立斷」的修行，即是認識你的自性為本初清淨、遍在、如虛空般的法身。「頓超」的修行，即是認識本初清淨的本然表現是任運顯現的。認識了無自性的任運顯現（這種任運顯現超越任何實體或獨立的本體），即是本初清淨與任運顯現的雙運，換句話說，這是無二的「立斷」與「頓超」。了悟這一點之後，就不會有某個出生的人和一個出生地，也沒有「其他」——輪迴，只有成佛的狀態。然而，有情眾生不了知自性，不知道顯相與空性的本然雙運，因為受到顯相展現的迷妄，於是執著於被覺知者與覺知者的二元分立。如果我們不執著於二元分立，輪迴就會解脫進入本初基地（primordial ground）之中，我們不再需要在輪迴中流轉。

在大圓滿的特殊用語之中，這被稱為「了悟本初清淨和任運顯現之本然雙運」，這正是「金剛持的雙運狀態」的意義。「雙運」是指完全了解「顯相」與「空性」的無別性，有情眾生不知道這一點，而把每一件事物區分為主體與客體。由於不知道顯相與空性為雙運，輪迴中的六道眾生於是從執著「一」為「二」之中出現。

單一的法身領域

這就是禪修的來處。為了讓我們把這覺受與空性的本然雙運帶到真實之中，佛陀引介禪修。藏語「nyamshak」（「平靜」或「平等捨」），字義是「置於均等之中」（to place in evenness）。在「nyamshak」的均等或平等的真正狀態之中，二元分立勢必消融。那不是我們保持二元分立性，在試圖持有一件事物，並把這件事物帶入覺受之中的時候，這樣去試圖排除另一件事物，並不表示平等。因此，「只要二元分立沒有成為『一』，就沒有證悟」。

我們如何住於大平等之中？不是透過接受和排拒、確認和否定來接納和避免。這種修持只會變成希望和恐懼的練習，這不是「把覺受與空性的本然雙運帶入真實之中」這句話的意義。一旦我們真正地禪修，這才會變成可能。你透過「直指教導」而進入禪修的狀態，禪修狀態只有在認識本然面貌的那一刻才會開始。在此之前，你總是會嘗試住於平等捨之中，住於本覺之中，並避免概念上的思惟。那種接納和避免肯定不是所有覺醒者、一切諸佛的平等捨狀態，真正禪修狀態的平等捨尚未展開。

我再說一次：為了在我們自己的修持之內展開平等捨的狀態，我們首先需要認識無二明覺的狀態，在無二明覺之中，沒有要接受或排斥的事物。在那個時刻，概念上的思惟已經消融，因此不需要希望和恐懼。這種見地純粹是去認識此為真如，把它當作一個起點，而不是在從事大量修持之後，等待或尋找將慢慢降臨在我們身上的某件事物。當我們認識「見」之後，「修」純粹是繼續認識「見」，這便稱為「禪修」。即使我們使用「置於平等捨之中」這個句子來說修持，它也不表示你把某種「東西」放置在那裡，我想要把這句話說成「平等捨超越放置與不放置」，這種超越放置與不放置的平等捨，正是我們要修持的。此外，我們在日常情境中所依靠的「行」即是「見」。最後，我們所證得的「果」即是在這種「見」中達到穩定的狀態。

偉大的大師蔣貢．米龐（Jamgön Mipham）仁波切曾經寫了一首詩偈〈文殊師利大圓滿祈願文〉（Aspiration of the Great Perfection of Manjushri），他在這首詩偈中說道，大圓滿的「根」、「道」、「果」和「見」、「修」、「行」，如同畫在半空中的三條線。（仁波切模仿在空中畫線）像這個是「見」，這個是「修」，這個是「行」。一旦你往後看，那三條線在哪裡？這三條線之間沒有分隔，沒有區別。

「了知的覺醒」不是念頭的對境，自生的覺醒（空虛的本性和覺察的本質）完全不需要去造作，這是它真正的面貌，是大圓滿明顯而突出的真實。在所有層次較低的道乘之中，從來沒有如此清晰而直接的教法。我現在不只是在談論語言文字，法身領域的真實展現具有巨大的加持，它直接被帶入我們的覺受之中，它不是一個我們在後來可能或不可能了證某件事物的概念，而是在領受這個口傳者當下的覺受之中，具有重大價值的某件事物。

在過去的印度，這個口傳相當祕密，祕密到上師在把「單一的法身領域」這樣的句子傳授給弟子時，他必須用一根銅管，輕聲細語地把這句話直接傳到弟子的耳中，沒有其他人能夠聽到。在歷史上的那個時期，靈體和元素的力量無法忍受聽到具有如此甚深影響力的詞彙，它們簡直會昏了過去。今日，由於諸佛、菩薩所行的事業之故，情況已經有所不同。人類社會中的大圓滿教法幾乎已經達到飽和的程度，人們聽到諸如「單一的法身領域」這樣的字句，已經不再感到震驚。

在二元分立崩解的那一刻，甚至沒有一絲造作時，你就能夠確定見地——如是。真正的自生覺醒不表示某個外在的本尊會突然來到你面前，當你細微的念頭模式崩解、消融和摧毀時，就是真正的自生覺醒。除了這個之外的其他狀態，都是一種心造作的見地，例如，心想：「我納悶，這是覺醒的狀態嗎？這一定是。」這即是心造作的見地。不要這麼做！當你在禪修狀態時，只要認識已經在那裡的事物即可，也就是認識你的心性是空虛、覺察和無別的，除此之外無他。我們沒有必要去想像一種空性的狀態，並且心想：「我希望這是空性的狀態。嗯，我想這就是了，這一定是心性。」你沒有必要去猜疑，因為你已經看見實相。在此引用蔣貢．米龐仁波切所說的話：

在心性、在本初清淨的本初覺醒之中，
展現了自性——任運顯現的光芒。

這本初清淨的覺醒是我們心性的空虛本質，在認識自性的那一刻，我們沒有看見任何「事物」，它已經是完全清淨而圓滿的，這正是我們所謂的「本初清淨」。無別於本初清淨的是了知的品質，即在本淨的同時，我們是覺察的，這就是「任運顯現」。本初清淨和任運顯現這兩個面向是無別的，如此，我們不需要去尋找、發掘三身，不需要把三身視為在未來某個地方的某件事物，或認為三身有別於我們可以立即認識的無別空覺。這大圓滿的精髓正是我們需要修持的事物。

這正是有情眾生沒有看見的事物，因為沒有看見自性，他們執著於看似真實的二元分立，製造了永無止境的輪迴之因。另一方面，當認識心性時，我們就即時即地中止了未來輪迴之因。

看見三身合一的剎那，即是我們基本的「流動資本」（working capital）。我們擁有價值重大的事物，而它不必用許多語言文字來描述，即使需要用語言文字來了解，也請不要把它們和意義混為一談。當聽到語言文字時，我們把意義和語言文字連結在一起，語言的聲音和它們的意義混合成為念頭。阿毘達磨（Abhidharma，即「論」）稱它為「理解混合的聲音與意義的念頭」（thought that apprehends the intermingled sound and meaning），但是，「理解」這個行為不是意義本身。另一方面，我們必須仰賴語言文字來了解意義，請了解「本初清淨」和「任運顯現」這樣的字句是非常重要的。請了解，了悟如此簡短的字句所真正代表的意義，是多麼地殊勝。

有一次，我前往甘托克去拜見偉大的大師宗薩・欽哲・卻吉・羅卓（Dzongsar Khyentse Chökyi Lodrö），詢問他關於《大圓滿三部》的一些問題。雖然《大圓滿三部》的篇幅不長，但是卻非常深奧。它只是一本書，大約從你的手部到肘部的大小。我問宗薩・欽哲・卻吉・羅卓：「對不起，仁波切！整部伏藏已經被發掘出來了嗎？有沒有缺漏呢？」欽哲・卻吉・羅卓微笑著說：「當我看著它時，我完全沒有看到有任何缺漏。你認為有什麼缺漏呢？你知道缺漏了什麼嗎？」我說：「我不知道，我只是一個頑固的知識份子，我一無所知。」宗薩・欽哲繼續說：「我沒有看見它有什麼不完整。只因為它簡短而精簡，不表示它有任何缺失或遺漏。」在《大圓滿三部》之中，一些教導手冊只有兩頁的篇幅，然而，它們卻包含一切，極為深奧。因此，我們不需要許多言語字句來發現重要的意義。在認識心性的剎那，一切事物都生起而寂滅，在那個時刻，你立即遇見三身。

金剛乘以「四灌頂」介紹真如實相

金剛乘的系統使用不可思議的善巧方便來介紹真如實相。這種介紹的方法常常是我們所熟知的「四灌頂」（four empowerments，或「四灌」）。四灌頂是具有象徵意義的，你使用法器和儀軌來指出我們所處真實情境的實相。舉例來說，第一灌是「寶瓶灌頂」（vase empowerment），上師把這寶瓶觀想為本尊的宮殿；瓶內的水被加持為甘露。上師用寶瓶碰觸弟子的頭頂，然後讓弟子飲用瓶內的甘露，這是儀軌表面的部分。在此，「寶瓶灌頂」真正要介紹的是：我們的五蘊、五大元素和五根已經具有殊勝的本質，這即是「金剛身乃本尊之壇城」的意義。換句話說，上師所給予我們的灌頂，即是去了悟我們從一開始即擁有的事物。這是「寶瓶灌頂」的真正意義。

第二灌是「祕密灌頂」（secret empowerment），上師把盛裝在顱杯內的加持物給你而完成祕密灌頂。第三灌是介紹這樣的事實：感官的歡樂和大樂的時刻在本質上都是空虛的。上師給予你第三灌「智慧灌頂」（wisdom-knowledge empowerment），指出大樂與空性之無二（樂空無二）。

在所有的灌頂之中，最重要的是第四灌「殊勝語灌頂」（precious word empowerment）。前三個灌頂或許有許多細節和語言文字，但是在「殊勝語灌頂」之中，一切都可以包含在一個字之內，這是它為什麼被稱為「殊勝語灌頂」的原因。那個字可以由「Pa」和「Ta」兩個種子字構成，「Ta」這個字不發母音，因此兩個字組合起來就成為「Phat」（沛）。上師大聲發出這個字的聲音的方法，可以讓弟子在聽到它時認識心性，它斬斷概念思惟的流動，引導出本然空覺的心的狀態。這從來不是隱藏的，對有情眾生而言，它之所以看起來是隱藏的，只是因為有情眾生全神貫注於其他事物。在這種情況下，你可能會聽說心的本質，但會覺得它是隱藏的，不是真實的。在認識心性的那一刻，你會立刻看見它，它不再是隱藏的或遙不可及，它已經被帶入真實的覺受之中，而這正是第四灌「殊勝語灌頂」的目的。所有的大圓滿密續都對此有所描述。

八妙歎（eight exclamations of wonder）和十二金剛笑（twelve-vajra jokes）也準確描述了這種狀態。在大手印傳統之中，它也用這個簡單的偈頌指出這種狀態：

本初覺醒極端細微，
它是如金剛般的虛空中心。
你是你自己的父親，
放鬆進入超越開始與結束的本初虛空之中。

「本初覺醒」代表我們的本初狀態；「極端細微」是指這本初覺醒不具有任何想法。念頭通常佔據有情眾生的心，這些念頭不是粗重的情緒，就是細微的思惟。另外有一種非常細微的、充滿概念的心之狀態，稱為「所知障」（cognitive obscuration，認知的障蔽），它是證悟道上最後一個被消解的障蔽。本初覺醒甚至比這種障蔽更細微，因為它是無別的空虛與覺察，而此一無別空覺存在於每一種心之狀態的基礎之內，它不是由任何事物所構成。這就是第一句話「本初覺醒極端細微」。

第二句話「它是如金剛般的虛空中心」。在此，「金剛」（vajra）意指「不壞」，如同虛空的中心，如同全然開放的天空，它是不變、不移的，你的本初覺醒不是由任何因與緣所構成。第三句話「你是你自己的父親」，意指你自己即是你的自性，任何念頭的本質或起源，即是本覺狀態本身。大師指出充滿概念的狀態，並且說你是你自己的父親。認識思惟者本身，並且直接遇見本覺。

第四句話「放鬆進入超越開始與結束的本初虛空之中」，指出了心性。一旦你認識心性，就沒有必要等待在未來出現的另一次認識心性的時機，本初虛空從來就沒有開始與結束。本覺從未開始，也不會結束，它完全是沒有止境，也沒有起始的。心沒有形成，也從來沒有開始；它不會在某個時候止息，因此它也沒有終點；它不會住於開始與結束之間，因此它也沒有中間，我們無法在任何地方準確地指出當下的時刻。你的本初狀態具有本然的穩定性，一種本具的誠實正直，但是它不是某種我們可以加以辨認的具體「事物」。當然，我們可以產生「這是本覺的樣貌」的想法，但是那純粹是我們的想法。了知的狀態本身即是「如是」，當你沒有忘記心性，心不散亂時，本然的穩定性就會呈現。一旦你忘記，心一散亂，這本然的穩定性似乎就喪失了。

本具的穩定性如同一根針，而不像一根頭髮。如果你在風中握著一根頭髮，那頭髮會彎曲，但是不論風有多麼強，針都不會彎曲，頭髮沒有本然的穩定性。本覺不受到執著於外在對境的染污，也不會受到專注於內在的了知者的損壞，它是全然開放的，這是本然的穩定。不論頭髮有多粗，它仍然會在風中搖擺，同樣地，有情眾生的思惟不具穩定性。心的本質具有一種本然的穩定性，當我們沒有陷入主體與客體，不專注在某個外在事物和某個內在的事物之上時，這種本然的穩定性就是明顯的。

在這個時刻，當過去的念頭已經消逝，未來的念頭尚未到來時，切勿再度和任何念頭有所牽連。就大圓滿的專門術語而言，這個時刻是「清醒的」、「生動的」、「如水晶般明晰的」，以及「完全展現的」。這些不可思議的字句不需要我們的造作、製造，它們指著本然如是的事物，而不是指向透過修持而培養出來的事物。

認識心性即是覺醒

大圓滿密續即是普賢如來本然狀態的表現，而這種本然狀態正是這些勝妙的話語的來處：

不可思議，本然明覺超越念頭。
生動明晰，了無障蔽；
本然展現，了無迷妄；
全然覺醒，了無主客。

我們明晰地體驗到了無念頭的本然狀態，不需要去想它或發掘它，本覺的本然屬性不是概念上的，這即是大圓滿對本覺所作的描述。誰教導這些大圓滿教法？是普賢如來，普賢如來是超越概念的本初覺醒。某些人認為普賢如來是一個活在很久以前、很老很老的老人。不要這麼想，當認識心性時，你可以用什麼字句來形容它真實的樣貌？

學生：覺醒。

仁波切：它是隱藏的，還是真實的？

學生：它是真實的。

仁波切：在那個時刻，任何念頭是否有可能繼續逗留或附著？

學生：不可能。

仁波切：它完全離於過患，過患即指思惟。它也具有一切的功德，因為它本身即是無垢無瑕的法身。當它能夠日日夜夜地持續時，輪迴是否有可能停留？

學生：不可能。

仁波切：是的，輪迴消失了，輪迴需要念頭才能被重新製造。因為輪迴已經是不具實體的，沒有什麼可以保留。輪迴的消融不是一種了無意識的完全空白狀態，一旦我們知道這一點，就沒有必要讓輪迴持續下去，何必這麼做呢？為了重新製造輪迴，你必須要有生、有死。為了有生、有死，你需要有念頭，而在這念頭之中，我們無法看見心性。你需要忙於思惟——不認識自性的思惟，你需要讓心性再度煩擾不安。這是一切有情眾生所產生的念頭種類，在念頭與本覺之間有巨大的差異！

第十二章

了證的故事

已了證的瑜伽士不執著於事物的堅實性，他們把一切事物視爲「如是」——可見的空性、可聽的空性，以及本初覺醒的戲耍。

你們看見我背後牆上的照片嗎？照片中的喇嘛是「成就者之王」竹旺．薩迦．師利（Drubwang Shakya Shri）。他的後半生都居住在西藏一個名叫「基布隱修處」（Kyipuk Hermitage）的地方，我最小的叔叔德喜祖古是他的弟子，告訴我許多關於他的故事。薩迦．師利居住在一座一層樓的簡陋小屋裡，在那個地方，沒有人有超過一層樓的房屋。這座小屋是一個隱居所，因此沒有任何繁複的結構，它位於一片草地的中央，周圍有一道小小的圍牆。小屋的下方是一片平地，薩迦．師利會向下走到那片平地的邊緣小便，在他小便處的側面，有某種遮蔽物。當然，它不是一個真正的廁所，但它是半私密的。某個下午，薩迦．師利走到那個地方小便；完事之後，他陷入了無念頭的三摩地狀態，保持蹲著的姿勢大約半個小時。他的侍者們注意到這一點，心想最好去把仁波切接回來。對一個真正的禪修者而言，薩迦．師利對這個和那個的執著消失了，他睜大雙眼蹲在那裡。侍者說：「仁波切，你最好現在上來了，天色漸漸暗了。」薩迦．師利說：「是的，現在天空上的星辰明亮燦爛。」然後他站起來，走回小屋。

當執著崩解時

薩迦・師利也具有神通。有一次，不丹國王送來一些禮物，不丹特使連同三十名運送人員帶著三十袋米，從不丹邊界行經洛扎（Lhodrak）前來。不丹國王對這些禮物該如何遞交給薩迦・師利有嚴格的交代，這些禮物必須在每個人面前贈給薩迦・師利。運送人員就在那片草原上卸下米袋，不丹國王把一只大瓷碗裝在其中一個米袋之中。現在，他們無法找到那個裝著瓷碗的米袋，便在一只米袋裡找，又在另一只米袋裡找。那只瓷碗被埋在其中一個米袋中間，但現在他們忘了是哪一個米袋，看來他們正想要打開所有的袋子來尋找。但是薩迦・師利打斷他們，指著一個特別的袋子說：「不，不，它在這個袋子裡。」他們打開那只袋子，瓷碗就在裡面。薩迦・師利的神通是無礙的，一旦執著崩解，神通就暢通無礙。

以下的故事是關於前一世的薩秋（Sabchu）祖古，他不是現在居住在尼泊爾斯瓦揚布的小孩，而是他的前世之一。第一世薩秋是錫度・貝瑪・寧傑（Situ Pema Nyinje）、蔣貢・康楚和蔣揚・欽哲的弟子。在他過世之前，他罹患可怕的疾病，腹部變成一個開口的大瘡。剛開始，他的腹部長一個瘡，然後那個瘡慢慢地越長越大，最後腸子全都掛在大腿上。膿汁、體液和血液流到地板上，然後一路流到門口。他的身體肯定有感覺，他時時刻刻都想要去搔抓它，於是薩秋要求人們把他的雙手綁起來。他們用一條白巾綁住薩秋的雙手，避免他搔抓傷口。

他的弟子們問：「喔，仁波切！這一定相當難熬，你一定非常痛苦。」薩秋說：「我一點也沒病，我沒有哪裡不對勁。」弟子們說：「多麼可怕，所有的膿血都流到地板上。」薩秋回答：「有一個老和尚坐在這張床上，他動來動去，似乎相當不舒服。他想要搔抓他的肚子，但是我一點毛病也沒有，我一點也沒病。然而，有一個看起來像我的人正坐在那裡，他似乎正在受相當大的苦頭，但是我很好。」如果你有穩定的修持，它就是如此——完全沒有執著。

在康區，另外有一個天傑（Tenje）喇嘛，他是一個成就者，也染上相同的疾病，所有的腸子都掛在身體外面。人們問他：「你今天覺得怎麼樣？」他說：「我很好，一點毛病也沒有。」他們說：「但是，仁波切！請往下看，你有這些爛瘡和傷口。」天傑喇嘛回答：「是的，那裡看起來是有些不對勁，但是我很好，我一點也沒有病。」人們問：「我們認為您很快就會死了，所以請您告訴我們，你將會在哪裡轉世，這樣我們才能尋找祖古？」他說：「是的，我可以處理這件事，叫我的弟子天達（Tendar）過來。」然後天傑喇嘛告訴他的弟子天達：「背著我往西走七步。」當天達背著他的上師走那七步時，天傑喇嘛彈指說：「願我的了證出生在你的心續之中。」之後，他指著天達說：「這是我的祖古，甚至在我過世之前，他就是我的祖古。他可以帶領這個寺院嗎？明天黎明之際，我將上演死亡的戲碼，我將要回到我在密嚴淨土的法界淨土的家。」隔天早晨，天傑喇嘛在太陽升起之際圓寂。他的弟子天達後來說，從天傑喇嘛彈指的那一刻開始，他的心完全不散亂，他從未偏離本覺的狀態。這位弟子後來成為眾所周知的天達祖古，他具有和他的上師一樣的了證狀態，毫無差別。

問與答

學生：為什麼諸佛不為我們做這些事情？

仁波切：或許是因為諸佛沒有像天達這樣的弟子！天傑喇嘛擁有許多弟子，但是為了某種原因，他只選擇天達，或許是因為其他人的心鏡並不是了無塵埃吧。

學生：這是否表示心鏡是那麼的明晰，可以映現一切？

仁波切：當然，一切眾生都具有相同的基礎、相同的根基。如果有人是了證的，那麼他們本初狀態的明鏡是完全無染的，在他們周圍生起的事物，都會明晰地映現。當你有一面鏡子時，在鏡子前的任何事物都會映現於其上，對不對？如果一個瑜伽士證得穩定的本覺，就會有這種妙觀察智的品質。舉例來說，這種妙觀察智可以清晰地反映這個山谷中的一切有情眾生的想法，這種品質被視為神通。

學生：它時時刻刻都會呈現嗎？

仁波切：一個了證的大師肯定用一種無染的方式來體驗神通。如蔣揚・欽哲・旺波（Jamyang Khyentse Wangpo）這樣偉大的瑜伽士能夠非常清晰地看見一切，但是他鮮少承認自己具有神通。為了讓蔣揚・欽哲・旺波承認他具有神通，他的弟子們有時必須耍一點花招，他的弟子堪千・札西・歐瑟（Khenchen Tashi Ozer）便有時假裝自己也具有神通。舉例來說，札西．歐瑟會說：「那些在宗薩山谷的人如此忙碌於所有這些不同的念頭和情緒，不是令人感到困擾嗎？」蔣揚．欽哲．旺波回答：「是呀，有所有這些念頭確實令他們感到相當困擾。」蔣揚．欽哲．旺波不經意地漏了餡。

有一次，札西．歐瑟坐在蔣揚．欽哲．旺波腳邊。突然之間，蔣揚．欽哲．旺波大叫：「喔，不好了，太可怕了！」札西．歐瑟說：「發生了什麼事？」「在那個方向的遠處，有一個老和尚在呼喚我的名字。他的馱獸犛牛正滑下步道，即將落入深谷，還好牠卡在一棵樹上。但是那兩位老和尚不夠強壯，無法把犛牛拉上來，他們正在呼喊我的名字。喔，好了！現在有幾個商人趕過來了，他們有繩索，正在把犛牛拉上來。」之後，蔣揚．欽哲．旺波沒有再說一句話。四、五天之後，札西．歐瑟在寺院前，看見兩位老和尚帶著犛牛進來，札西．歐瑟便和他們聊了一會兒。他們告訴札西．歐瑟，幾天前，他們的犛牛幾乎落下步道，但是他們向蔣揚．欽哲．旺波祈請，所以犛牛沒有一路落下去。「我們非常高興，」其中一位和尚說，「因為我們的食物全都馱在犛牛的背上，如果犛牛滑下去，我們就沒東西可吃了。幸好一些商人很快帶著繩索，把犛牛拉上來。」①

因此，回到你原先的問題。如果諸佛無一例外地把一切有情眾生帶到淨土，那就好了，對不對？當太陽在天空中升起時，陽光會不會照到朝北的洞穴？

學生：不會。

有虔敬心，狗牙也能長出舍利

仁波切：我的意思是，有情眾生需要具有接受諸佛慈悲的開放，諸佛將引導每個人，但是人們需要有虔敬心。如果有情眾生具有虔敬心，就好像製造了一個環，而一切諸佛的慈悲事業就如同鉤子一般，可以鉤住那個環。有情眾生具有各種不同的心態，如果都具有信心和虔敬心，那麼輪迴就有可能空盡，有情眾生就能夠被帶領至證悟，而沒有太多的麻煩與困難，諸佛肯定會引導那些具有虔敬心的人。人們有那麼多的計畫與構想，如同康巴俗語所說的：「三十個人有三十種想法，如同三十頭犛牛有六十隻角。」如果每個人的想法一致，那就比較容易，也比較好處理。如果你有信心和虔敬心，諸佛就能夠幫助你；如果你心中沒有疑慮，諸佛保證會幫助你。

如果我們心中沒有疑慮，那麼就會像一個老婦人般能讓一顆狗牙長出舍利子。你們記不記得那個老婦人被她的兒子欺騙的故事？她的兒子是一個商人，常常前往印度經商。每一次兒子離開之前，她都會要求兒子帶回一顆佛舍利，但是兒子每次都因為忙於商務而忘記這件事。最後，老婦人對兒子說：「如果你沒有帶佛舍利回來，我會在你面前自盡。」但是，兒子還是有辦法忘記了這件事情！當他從印度回來時，從遠處看見母親的房子，突然記起母親交代的事情，然後說：「喔，不！現在該怎麼辦？怎麼辦？」

① 讀者可以在祖古．烏金仁波切回憶錄《大成就者之歌》（Blazing Splendor）中找到更多這類的故事。（編按：中譯本由橡實文化出版，2008年。）

他四處張望，看見一顆死了很久的狗頭，他拔下一顆狗牙，包裹在綢緞裡。接著，他對著母親的房子叫喚，要他們前來歡迎。他說：「我帶回一顆佛牙。」他們舉著旗幟從家裡出來，吹響海螺，揮舞旗子，攜帶焚香，母親真的相信他帶回一顆佛牙。歡迎的隊伍把那顆牙齒帶入屋內，老婦人把它安置在佛堂上，每天對著那顆牙齒祈願和供養，她完全相信自己擁有善業和順緣，得以保管一顆佛牙。最後，透過她虔敬心的力量，一顆小舍利開始從那顆牙齒顯現，即使它只是一顆狗牙。當老婦人過世時，天空出現一道白色的光芒，老婦人直接前往淨土。

狗牙本身不會長出舍利，而是老婦人的虔敬心的力量，得以讓她接受諸佛的加持。雖然你可能沒有從事大量的修行，但是如果擁有誠摯虔敬的想法：「願諸佛看顧我，」那麼當你死亡時，將會直接前往淨土。在身心分離時，如果你的虔敬心保持不變，如果你完全臣服，那麼即使沒有一道白光，也可能會有一道黑光帶領你往正確的方向前進。（仁波切發笑）在那個時刻，如果你有虔敬心，你將會在伸出手臂那麼短的時間內，被引導至淨土。

當然，如果你已經嫻熟本尊、咒語和三摩地的修行，完全穩定於本覺之中，那麼毫無疑問地，你將在死亡的剎那獲致證悟。但是，你也可以只透過對諸佛的虔敬心而獲得解脫，因為諸佛的悲心事業是無窮盡而歷久不衰的。同樣地，甚深的三摩地也是歷久不衰的，我可以用自己的前額來保證，這和我肯定將會留下這個肉身一樣真實。我們可以百分之百地肯定，一旦遺棄這個肉身，我們就無法復生。「用我的頭顱來發誓」是西藏人發誓的方式，它有那麼真確。認識心性不困難，它是那麼地容易。但是，即使無法認識心性，如果你能夠對諸佛生起虔敬心，如果它是真正的虔敬心，那麼我發誓，你將不會受到欺瞞。

學生：一個瑜伽士如何超越堅實實相的覺受？

仁波切：心覺知一切，心是空虛的，任何顯相、感知都是發生在我們心中的個人經驗，它不是某件在心之外的事物。個人的感知是空虛的，因為心是空虛的，但是，這看起來不是和我們體驗事物的方式相互牴觸嗎？這裡的這個東西（仁波切敲敲桌子），看起來不是真實而堅固的嗎？我們覺得它是一個真實的東西，我們感受它是那麼的真實，使得個人覺受的空性和堅實事物的真實性似乎完全衝突矛盾。由於業的堅實力量，這是凡俗之人看待事物的方式。

其他人同樣有這種業的覺受，但是只有迷妄的有情眾生才共有這種業的覺受。我們大多數人都能看見自己在一個有牆壁、屋頂和一些佛像的普通房間之內，一切看似堅實，但其實不然。如果某件事物是究竟真實的，那麼它應該具備七種不壞的品質——不可切割、不可摧毀、真實、堅固、結實、無所障蔽、無所匹敵。沒有一個可覺知的「事物」具有這些品質，在某個時候，一切事物都會毀滅。在一劫的盡頭，一切事物分崩離析，完全不留殘跡，即是最終的明證。顯而易見地，一切現象從一開始就是空虛的，雖然是空虛的，但是它們確實會顯現，雖然現象顯現，但是它們仍然是空虛的，否則我們就不可能摧毀事物。如果它們是真實的，它們就會是不壞的，沒有什麼事物是這樣子的。

事物看似堅實，而我們看待事物的方式，不是體驗事物的唯一方式。真正的瑜伽士和菩薩，不會體驗到堅實的實相，更遑論諸佛。事物顯現在他們面前，但是他們不執著，而把一切事物都看作是「八幻喻」。「瑜伽」（Yogi）的意義是，在認識本覺方面，具有某種程度的穩定性。對這樣的修行者而言，一切事物看起來是不同的，實相不同於凡俗之人等所相信和所體驗的樣子。蓮師和密勒日巴尊者沒有受到我們認為是堅實事物的障蔽，他們自己看似堅實的身體，以及看似堅實的物質，完全是可以相互穿透的。他們可以在水上行走，也不會受到火焰的傷害。

這種情況甚至在初地（歡喜地）就會產生。當第一世噶瑪巴杜松·虔巴（Dusum Khyenpa）在他的寺院舉行法會時，沒有其他人在旁邊幫忙，他製作了三尊他自己的複製像來完成法會。他不只是金剛上師，也是事業金剛（shrine master）和助手，他證明了一切事物事實上是一種魔幻的展現。已了證的瑜伽士不執著於事物的堅實性，他們把一切事物視為「如是」——可見的空性，可聽的空性，以及本初覺醒的戲耍。在成佛的層次，也就是修道達至圓滿的境界，成佛者體驗到一切事物的無限清淨。當我們達到完全穩定的本覺之後，一切顯現和存在的事物都是遍在的清淨，這也稱為「rangnang yeshe kyi khoro」，即「本然覺受之智慧輪」——不息的本初覺醒。

讓我用密勒日巴尊者老年時的故事來說明這一點。密勒日巴尊者的追隨者邀請他前往一座山的山頂，他說：「我現在太老了，這個老人沒辦法走上山頂。最好山頂下來這裡！」然後那山頂一路向下延伸到密勒日巴尊者的面前。他踏上山頂，山頂一路往上回到原來的地方。他在其他人之前抵達山頂！這即是真正成就的瑜伽士的方法。

無論如何，一切覺受都是個人的覺受，所有個人的覺受皆是空性，皆是空虛與覺察的雙運。一旦我們真正看見這一點，那麼下一步「掌控個人的覺受」就會是可能的。由於所有的個人覺受都是空虛的，因此你有可能去指揮控制自己的覺受。一個已經完全了證這一點的瑜伽士可以明顯地加以展示證明，對他而言，這不僅僅是一個想法，而是一種真實。這樣的修行者不一定會受到四大元素的傷害，他的身體不會因為四大元素而受到任何改變，而心總是執著於其所體驗的事物的堅實性的人，以及否認顯相之空性的人，其身體會因為四大元素而改變。身為普通人，你們會被埋在地下，會溺水，會被火焚燒或被風吹走。但是如你在這些故事中所聽到的，對一個瑜伽士而言，情況不是如此，身為瑜伽士，你掌控一切。

學生：如何證得虹光身？

仁波切：證得虹光身是我剛剛所談內容的結果。現在，這個由五大元素所構成的粗重肉身是一種迷妄的覺受，而這迷妄的覺受則是由有所執著的二元分立的心所創造出來。當這種「不淨」的心之狀態開始融攝入心的清淨狀態——本覺，對於肉身的迷妄不淨覺受也開始消融。實相的不淨面向開始融攝入清淨本質之中，它相對應於死亡過程中、被稱為「分解階段」（dissolution stages）的面向。在這個階段，五大元素的力量開始消融。

現在，肉身是由肌肉、血液和骨骼所構成；尋常的言語是時斷時續的音聲和言語的聲音；一般的心之狀態是不斷地擴散進入念頭的模式，它是片刻也不停留的不安狀態。藉由修持心性，這三者逐漸消融，肉身消融成為虹光的形式——一種光身；尋常的言語變成諸佛的聲音，那是妙音之王——諸佛不息的聲音；迷妄而持續不斷的概念思惟消融為佛心——覺醒者的證量。

這種證量包括了悟不淨身的五蘊、五大元素和五根的清淨本質，五蘊的清淨本質是五位佛父；五大元素的清淨本質是五位佛母；五根的清淨本質是五位男、女菩薩。當我們了證這本然的清淨之後，一切顯現和存在的事物皆是遍在的清淨，迷妄的崩解等同於心性的完全穩定——證得非禪修的法身寶座。在這時，我們看見一切事物的本初真如，五毒轉化成為五智。從證悟的觀點來看，所覺受的一切沒有什麼是不淨的，從這種觀點來看，一切顯現和存在的事物（這個世界和有情眾生）都是圓滿清淨的。

「諸佛、菩薩」是這種心的清淨狀態的同義字，心的清淨狀態不會懷有不淨或看見不淨，這種狀態代表心不淨而迷妄的狀態已經消融、平息。「有情眾生」是心的不淨狀態的同義字，他們看不見心的清淨狀態，看不見心的真如。當我們了證清淨時，不淨（二元分立的心的謬誤）就平息了。對諸佛、諸成就者和了證的瑜伽士而言，覺受如同抵達一座純金的島嶼，在那座島嶼上，你找不到普通的土地和石頭，一切事物都是純金，這是不淨、二元分立的心消融的樣子。在覺受之中，我們找不到任何不淨，一切皆是遍在的清淨。

在本覺的狀態中達到全然的穩定，也被形容為「佔領不滅之內在據點」（capturing the innate stronghold of immortality）。所有生與死、來與去的觀念，只有在迷妄的思惟中具有真實性。當所有概念上的思惟融攝入無二明覺的狀態之中，我們就已經證得穩定的本覺，掌控一切的現象。如果沒有「生」，怎麼會有「死」？正是因為有「生」，才會有「死」。由於心不是一個會死的「東西」，因此「生」與「死」皆滅是可能的，這即是「佔領不滅之內在據點」的意義。

即使像我這樣頭腦簡單的人都會想，如果沒有「生」，怎麼會有「死」呢？這種去除「生」與「死」的基礎，即是諸佛、菩薩所達到的境界。在那之後，雖然沒有「生」，但是諸佛、菩薩卻表現得像有「生」一般；雖然沒有「死」，但是他們卻表現得像已經圓寂一般。諸佛、菩薩之所以這麼做，是因為凡俗的有情眾生執著於「常」的想法，但這不表示你可以保持消極，因為你需要繼續利益眾生，因此你有必要表現得像有投生一般。如果你在本覺中達到某種程度的穩定，「肉身的虛幻城市」（the illusory city of the physical body）仍然會腐壞，但是在此同時，卻有進入真正穩定本覺的解脫。無二明覺的本質不是某件具有成、住、滅的事物，今生的顯相全都是虛幻而不具實體的。當我們在真實不變的本覺中達到穩定時，覺醒就是有可能的，所有錯誤的覺受就有可能消融、瓦解、消失，進入本初虛空之中。

學生：我們似乎無法掌控一些力量。這些力量叫做什麼？

仁波切：有稱為「三試煉」（three challenges）的體驗。外在的試煉是神與魔的魔幻把戲。內在的試煉是身體的失衡，例如疾病。最內在的試煉是得意和絕望，例如無法解釋的悲傷，人們會毫無理由地感到極度劇烈的鬱鬱寡歡，有時甚至相信自己將要猝死。他們的痛苦是無法忍受的，例如或許會覺得自己的身體好像要裂成碎片。你知道，這就好像已經有衣服穿、有食物吃、有地方可住，你應該沒有什麼好擔心的，但是你可能會毫無理由地陷入深深的悲傷。因此，我們有三種試煉，這些試煉是會發生的經驗。

學生：那麼來自神與魔的試煉呢？

仁波切：首先，那些神不是智慧本尊，他們是世俗的，因此被稱為「神」，而非「本尊」。他們可以是「瑪魔」（mamo）、「參」（tsen）或其他種類，通常有八部，以不同的身相顯現，試圖耍騙或影響修行者。他們的身體不是有形的色相，但是覺知者卻可能相信他們的身體是有形的，他們的身體比較像電影或電視。我們也把他們的聲音聽成聲響或聲音，而他們的心則顯現為執著、貪欲或恐懼的挑釁——在修行者心中出現的任何煩惱情緒。換句話說，他們不是試著嚇唬你，就是引誘你。如果修行者把其所覺知的事物執著為實相，就很容易被這些幻相牽著鼻子走。至於這些試煉，你有兩種選擇：你被這些試煉控制，或你掌控這些試煉。為了掌控這些試煉，我們需要成為一個具有穩定本覺的修行者，於是我們征服這些試煉，而不是被這些試煉所征服。如果神與魔以美女的身相顯現，沒有經驗的男性修行者會輕易地被引誘，可能會認為她是一個智慧空行母！

當佛陀坐在菩提迦耶的菩提樹下，由魔羅之首噶拉．旺秋（Garab Wangchuk）帶領的所有神與魔看見佛陀即將達至正等正覺，他們無法忍受，於是一致同意卯盡全力，用恐懼、引誘或任何其他手段使佛陀分心。大量的魔軍環繞佛陀，投下一陣武器和雷電。但是佛陀沒有退縮，甚至連身上的一根毛髮都沒有移動。他們束手無策，而他所向無敵。接著，他們決定：「嗯，如果我們無法嚇唬他，那麼讓我們引誘他。」所有的魔羅都以美麗少女的身相前來。她們個個具足五種感官的歡悅：迷人的身相、甜美的聲音、芳香的氣味、可口的滋味，以及滑順的觸感。她們是最秀麗的女神，比天眾的女兒們還要美麗動人。她們不斷地出現，永無止境，排成長長的隊伍接近佛陀。再一次地，佛陀絲毫未離三摩地，只是凝視著她們，她們立即轉變成為衣衫襤褸、乾癟枯皺的老婦，全都難為情地跑開。就在那個黎明，佛陀證悟了，達至正等正覺。魔羅們卯盡全力，試圖用忿怒和寂靜的手段來阻止佛陀成道，這是外在的試煉最著名的例子——神與魔的魔幻顯現。

以下是關於魔幻顯現的另一個故事。我的父親吉美．多傑是「施身法」（Chö）❷

❷施身法（chö）：字義為「切除」（cutting）、「摧毀」（destroying）。這是一種禪修的方法，行者供養自己的身體，以斬除內在的四魔。瑪姬．拉準（Machig Labdrön）分別自印度上師帕當巴．桑給（Padampa Sangye）與喬頓．索南（Kyotön Sönam）喇嘛處得到了「施身法」的教法，並在西藏廣傳。

的修行者。到了某個時候，「施身法」的修行者應該在可怕的地點修行。在西藏東部，有一個墳場介於兩座懸崖之間，人們把屍體棄置在這個墳場。這個地方以極為恐怖聞名，留在那裡的修行者常常會碰上怪事。因此，有個傍晚，我的父親和兩名侍者前去那個墳場。由於施身法的修行者在坐下來修行時，不應該有人陪伴，因此他的侍者至少要和他保持八十步的距離。在夜幕降臨之後，吉美・多傑開始修行。突然之間，某個東西從天上落到他的面前。他注視著那個東西，看見那是一個人頭，目光凶狠地瞪視著吉美・多傑，舌頭來回擺動。另一個人頭從天上掉下來，接著是另一個，當人頭擊中地面時，發出砰然巨響。其中一個人頭甚至擊中吉美・多傑的頭頂，他感到劇烈的疼痛。在那之後，人頭如一場雹暴般猛烈地傾盆而下，這些人頭全都看起來活生生的。最後，整個地方充滿不停發牢騷和製造噪音的人頭，它們並咳嗽，吐出一團團發出惡臭的東西。有些人頭還呻吟地說：「我死於腐爛的肺臟。」

吉美・多傑仍然文風不動，繼續自己的修行。那些人頭的尺寸縮小，數量減少，直到它們全都消失，不留痕跡。過了一會兒之後，吉美・多傑站起來，走過去看他的兩名侍者的狀況。他們一直躺在那場人頭雹暴的中央，什麼事情也沒注意到，仍然在睡覺，相當不錯。這是「神與魔之魔幻顯現的試煉」。

當吉美・多傑在札葉巴（Drag Yerpa）修施身法時，發生了另外一件事情。札葉巴是拉薩附近一處著名的巖洞隱修處。那個時候，一大群齜牙咧嘴、留著白鬍鬚的猴子攻擊吉美・多傑，牠們碰他、咬他，一路上至他的臉部。當這群猴子抓他的雙手時，牠們感覺起來既結實又真實。吉美．多傑從未喪失「這都只是一場表演，並非真實」的信心。他繼續修行，那些猴子慢慢地縮小，直到變成老鼠的大小為止。然後，牠們消失無蹤。

另一次，我的父親看見所謂的「骨魔」、「皮魔」和「髮魔」。在西藏的某個地方，骷髏會開始跳舞，男性和女性骷髏會一起在他的前後跳舞，它們表演精彩繁複的民俗舞蹈，努力要嚇倒我的父親。他後來說，舞蹈不是那麼難處理，他只是繼續自己的修行。最糟糕的是皮魔，大張的人皮以怪誕的形狀緩慢地向他移動，當人皮非常靠近時，他感覺受到重擊，內臟劇烈疼痛。再一次地，他只是住於本覺狀態之中，人皮縮小，最後消失無蹤。髮魔如同一大束一大束的人髮，在他面前來回搖擺，跳上跳下。這些髮魔上演各種誇張的動作，直到它們消失為止。當我年幼時，我從父親口中聽到許多嚇人的故事！這是神與魔試煉的另一個例子，而這種神與魔的試煉不具有堅實的存在。

以下是另外一個故事。在某個隱修處，某位禪修者看見他的窗外有一個羊肚朝著他的方向下來，他沒有採取任何行動。過了一會兒之後，他心想：「好，我來做點什麼事情。」於是便拿了一片黑炭在羊肚上畫了一個「十」字。隔天，他看見自己的肚子上也有一個用黑炭畫的「十」字！這個禪修者離開隱修處兩年之後，另外一位禪修者坐在位於同一個隱修處的那幢小屋內。他看見同樣的事情，並對此感到忿怒，他說：「我要修理、修理牠。」於是它掄起刀子，對準朝著他來的羊肚刺下去。突然之間，他發現竟然戳到自己的腹部，他尖聲大叫，一位朋友聞聲趕來，看見修行者坐在那裡，肚子上插著他用來自戕的刀子。修行者的腸子從那個大傷口冒出來。朋友問：「發生了什麼事？」他回答：「我看見這羊肚從上面下來，我生氣地用刀刺它，現在看來是我刺了自己，我可能會死。」事實上，他確實死了。

我認識一位喇嘛，是一個相當優秀的修行者，他告訴我另一個故事。當他年輕時，一直不喜歡一個名叫「嘉波・佩哈」（Gyalpo Pehar）的護法。他總是對嘉波・佩哈蹙眉，並且奚落以待。有一次，當他在關房修持名叫「貢秋・企度」（Könchok Chidü）、由佳岑・寧波（Jatsön Nyingpo）所掘取出來的法門時，他有一個蓮師的淨相。蓮師告訴他：「你即將證得大成就。為了證明你的成就，你要拿起鈴子，把它朝牆壁丟去，然後你就會明白我的意思。」他心想：「多棒呀！蓮師親口對我說這些話，因此我應該照辦。」他拿起那只非常殊勝、年代久遠的鈴，把它正對牆壁丟去，那只鈴裂成許多碎片。從此以後，「蓮師」消失而不復見！

第十四章

給死因的忠告

死亡只是身體的死亡，心不會死亡。
當死亡的時刻來臨，你要這麼準備自己：
想像你布施一切——整個宇宙、
你和其他人所建立的所有因緣、你的財物，甚至自己的身體。

應一位死刑犯的請法，仁波切給予以下的錄音談話。

譯者：你現在將要聽到的是祖古．烏金仁波切的話語。我已經向仁波切說明了你的處境，並且請求他給予你忠告。

仁波切：最大的利益來自信任在你之上的三寶，以及慈悲地對待你過去生生世世的雙親，他們是在你之下的三道的一切有情眾生。

認識心是空覺，心就充滿了知

你的心感受歡樂和痛苦，你的心可以前往天道或地獄。這心是什麼？在本性上，它是空虛的；在本質上，它是覺察的；空虛與覺察兩者的雙運，則是心的能力。一旦你認識這一點，就有了了知；如果你不認識自性，就有無知（無明），這種「無明」是十二緣起的第一支，繼此之後是「行」、「識」等等。你目前的身體即是以這十二緣起而形成，我們出生、變老，最後身體死亡，但是心不是某件會死亡的「東西」。我們之所以會有一連串相繼不斷的生生世世，就是因為這個心，如果心會死亡，我們就不會再生。

因為心不會死亡，心仍然無明，於是它會展開十二緣起，即「行」、二元分立的「識」一路上至「老」和「死」。如同一個不停旋轉的輪子，這稱為「輪迴之輪」。

無知（無明）是輪迴的根本原因，一旦認識心是空覺，那麼你的心就充滿了知。空覺是一切有情眾生的本初狀態，如果你沒有了知這心性，它就是充滿無知的空覺。如果你遇見一位大師，從他那裡領受了教導，他會告訴你什麼？他會告訴你：「認識你的心是充滿了知的空虛和覺察的雙運，當你的注意力是外向的，你將落入念頭的控制。讓你的注意力認識其本身，認識它是空虛的，而那種認識即是覺察，在那個時刻，你必須信任空虛與覺察兩者是一種本初的雙運。看見你的自性是無別的空覺，而認識這一點即稱為『自我了知的覺醒』。」

你必須認識那個感覺到快樂和悲傷的本質，除非我們知道如何去看見自己的自性，否則又會和十二緣起連結在一起，輪迴之輪將永無止境地旋轉。如果你首先認識無明（無知）的本質，那麼輪迴就會在此輪的第一步停止，這稱為「在根基處清淨無明」。在你認識心性的那一刻，這種自我了知的覺醒中斷了迷妄思惟之流，而這迷妄思惟之流即是第二緣起「行」。一旦「行」停止，二元分立的「識」也會停止，漸漸地其他緣起支也會被清除。在剎那間，讓輪迴持續不斷的基礎被打斷了，因為二元分立的「識」已經變成本初覺醒。

你要怎麼修持？讓你的心認識它的自性，當你看見自性時，會有一種空虛但覺醒的感受，事實上，這空虛稱為「法身」。除此之外，你也會有一種了知感，即認識你的心性是空虛的覺醒品質，這稱為「報身」。這兩者本來是一種雙運，即「化身」，這種雙運和水與濕潤的無別性是相同的。簡而言之，你與覺醒狀態的三身面對面。

但是如果我們不知道如何去認識心性，就有了無知（無明），只要「無明」和「行」繼續下去，輪迴就不會終止。「無明」和形成新的念頭的「行」不會死亡，所以，輪迴可以永不停息。認識心性與無明（無知）相反，可以停止無明，於是輪迴的根源瓦解、消融。

身為凡俗的有情眾生，我們陷入不息的念頭之流，從無始的生生世世以來一直到現在，迷妄的思惟一直支配一切。這種思惟不是我們可以信手終止的，也無法擺脫它。你無法焚毀自己的念頭，把它們沖走或炸毀，然而，這思惟可以是它自己的對治解藥，換句話說，你要認識思惟者的本質，認識充滿了知的空覺。在看見這一點的剎那，無窮劫的惡業和障蔽都被淨化，喜悅和悲傷都在大平等捨之中變得平等。

心是空性，如是修持

在這個世界上，我們經歷各種的喜悅和悲傷，傳統的藏語詞彙以「可能之界」（realm of possibilities）來形容世界。在這個世界，沒有什麼是不可能的。所有這些可能性在哪裡展開？在我們自己的心中。為什麼？不是這個心體驗了所有令人感到歡喜、厭惡或中立的事物嗎？在這個世界上，除了心之外，沒有任何其他的事物能夠有所體驗，這個體驗者即是思惟者，在這個思惟者消融的剎那，就有無念頭的覺醒。凡俗之人陷入這種思惟之中，而佛則穩定地住於無念的狀態之中。一般而言，心忙著思惟各種不同可能的事情：「我想要留，我想要走；我想要這個，我想要那個。」相反地，在認識思惟者本質的同時，念頭消失得不留痕跡，過了一會兒之後，另一個念頭將會出現。再一次地，我們認識思惟者的本質，那個念頭將會消逝。

為什麼這是可能的？這是因為所有的思惟都是空虛的，你不需要努力不去思惟。你只要認識思惟者的本質，念頭就會自行消失。我們只要認識這一點，就不必去想像我們的心是空虛的。佛陀說：「心是空性，如是修持。」這是你應該修持的事物，這是真正的寂靜。

事實上，死亡只是身體的死亡，心不會死亡。當死亡的時刻來臨，你要這麼準備自己：想像你布施一切——整個宇宙、你和其他人所建立的所有因緣、你的財物，甚至自己的身體。把一切美好的事物布施給諸佛，如此，你就會感到自信，相信自己不執著於任何事物，甚至連一絲一毫的執著都沒有。你要如此思量：「我的這個心是空性，在本質上無別於一切諸佛的覺醒心。我會讓心無別地和佛心相融在一起。因此，當我死時，我將會證悟。死亡不會帶來傷害，死亡就像回家一樣。」在如此思量的同時，你將抵達「一切諸佛之城」（city of all buddhas）。

佛心不是一個遙遠的處所，它就像你拿著一面鏡子朝向太陽，太陽的影像不是立刻出現在鏡子上嗎？如果你擁有開放的信任和信心，便和一切諸佛的證悟狀態之間沒有任何距離。你可以充滿信心地認為：「從今天開始，我自己和置身相同處境的其他眾生的恐懼和擔憂，都會被諸佛的慈悲加持清除，我會完全無所畏懼。」在你死亡的剎那，如果你信任諸佛，開放自己，毫無疑問地，你將被帶領到覺醒者的淨土。你對此不必有任何疑慮，請把這一點記在心中，這是我唯一要說的事情。

第十五章

白晝的星辰

在這個世界上，
沒有從事修行的有情眾生的數量，
有如夜晚的星辰般不可計數；
那些有興趣修持佛法的眾生，
如白晝的星辰般稀有。

自從佛教傳入西藏以來，佛教的實用教法已經透過實修傳承之八大乘❶傳授下來。寧瑪派是八大乘之一，即早期的「舊譯派」；其他七大乘屬於薩瑪派（Sarma Schools），即後期的「新譯派」，這些詞彙是依照佛教教法抵達西藏的時間所給予的。早期舊譯派的教法主要是由無垢友（Vimalamitra）、蓮花生大士和毘盧遮那三位偉大的大師引進西藏。據說，這三位大師的成就弟子的數量眾多，多到可以充滿整個雪域西藏。後來，在實修傳承其他七大乘眾大師的追隨者中，有成就者的數量也不可計數。因為他們修行的方式，他們不由自主地便能獲得證量；因為他們的證量，他們也必定會達到證悟；因為他們已經證悟，他們也會自然而然地利益眾生。實修傳承的教法已經受到考驗與證明，無數的修行者透過實修傳承的教法而達到證悟。對於這個事實，我想要多談論一些。

修持佛法者，如白晝的星辰

在這個世界上，沒有從事修行的有情眾生（不光是指人類而言）的數量，有如夜晚的星辰般不可計數；那些有興趣修持佛法的眾生，如白晝的星辰般稀有。今天在這裡的所有人都是白晝的星辰，都是非常稀有殊勝的人，我為你們感到高興。我之所以為你們感到高興，不只是因為你們前來納吉寺聽我說話，從這個老人這裡領受教法，這不是我的意思。我之所以為你們感到高興，是因為你們對領受和修持佛陀的教法具有真誠的興趣。這真的非常勝妙！

我們可以把所有人區分成兩類：明智的人和愚蠢的人。你們也知道人可以是成功的或失敗的，對不對？如果你環顧當今的世界，便可以看到人們看似非常精明而成功地為自己積聚財富和名聲，並制服敵人，有許多人就是這個樣子。但是從佛法的觀點來看，這些人一點也不聰明，因為當我們談到關鍵重點時，他們一點也不成功。人們可能非常有權勢、有影響力，聞名到無人不曉的地步，他們的名字讓人如雷貫耳。但是老實說，隆隆的雷聲只不過是響亮而空虛的聲響，名聲是短暫的，只維持短暫的時間。名聲看似有用，但是在你死亡時，名聲能夠有多大的幫助？它沒有幫助，甚至連一絲一毫的幫助都沒有。

我們精心照料自己的身體，用各種特殊的方法看顧它。我們對寒冷或飢餓感到焦慮不安，竭盡所能地避免這些情況。但是說實話，這身體將會變成一具死屍，而人們一般都認為死屍是可怕的。密勒日巴尊者說：「一旦你呼氣而不吸氣時，現在這個身體就會

❶八大乘是指寧瑪派、噶當派（和其後發展的格魯派）、薩迦派、馬爾巴噶舉派、香巴噶舉派、息解派、覺囊派與布頓派（布魯派）。

是一具可怕、嚇人的屍體。」事實就是如此。

當我們努力培養聲譽，建立名聲和財富時，便把自己變成這些事物的奴隸，變成名聲與金錢的僕人。如果在我們死亡之後，名聲和金錢能夠幫助我們，那麼投入大量的時間來追求名聲與金錢，將會是有用處、有意義的。然而，在死亡的時刻，它們一點好處也沒有。另一方面，我們可以選擇把時間和精力用在修道之上，而這修道可以確保自己攀登到輪迴的三界之上。我們要對擁有足以過活的金錢、衣食感到心滿意足，如果努力追求名聲、財富、權勢和影響力是有意義的，那就沒有關係。但是這種自私自利的追求，只會讓我們直接往下墮落至無間地獄的深處。

你們已經聽說西藏偉大的成就者密勒日巴尊者的故事。密勒日巴尊者能夠掌控風息與心，能夠飛越天空。一些人看見他，就說：「他已經把自己餓了這麼久，現在風把他給吹走了！」他們認為密勒日巴是一個不知道怎麼照顧自己的瘋子，這些人認為，密勒日巴是在欺騙自己。但是密勒日巴覺知到這些人的心，他心想：「我已經能夠掌控風息與心，了悟此身是虛幻的，我也看見自己的心性一如一切諸佛之心性。在這個世界上，沒有人比我更快樂、更滿足、更自在。看看這些人，他們完全是迷妄的！」這些人認為密勒日巴是迷妄的，而密勒日巴覺得他們是迷妄的。事情就是如此，這是一個耐人尋味的諷刺。

六道輪迴的有情眾生處於迷妄狀態之中，不知道什麼能夠拯救他們，什麼能夠把他們帶上解脫。但是我覺得，你們所有人都覺察到這一點，都知道什麼具有真正的價值。

如白晝星辰的你們都知道，你們在這個世界上所能夠達成的事物，最終沒有一件能夠幫助自己，我現在是在加深你們的記憶。我再重複一次，如果名聲、財富、影響力和權勢等世俗的成就具有究竟的利益，那麼我們應該追求這些成就，追求這些成就將會是件好事。我覺得你們應該了解，我們最好知足常樂，與其汲汲於追求物質的財富和利潤，倒不如全心全意地以獲致證量為目標。如果你從事閉關，便可以達到一個完全超越這個稍縱即逝的世界的層次。

具有永久價值的事物

有一句著名的引言說道：「為了衣食，人們拋棄具有永久價值的事物。」我們常常為了短暫的利益，而丟棄了具有真正價值的事物，我不必一再地說這些話，任何聰明人都能夠好好地加以思考。當你處於中陰狀態時，財富與名聲有多少用處？你只要問問自己這個問題就夠了。你不必花很長的時間去想這個問題，在極度的疑慮中掙扎，最後才下定決心。這是百分之百明顯的，追求這樣的事物根本就是徒勞無益。然而，在此同時，我不是在怪罪任何人，因為「顯相誘人，人心善變」，我們會很輕易地被稍縱即逝的短暫事物牽著鼻子走。但是想想這一點：是否真的有某件事物具有長久的價值？我們是否有可能從輪迴中解脫，達到正等正覺的狀態？解脫不是一種稍縱即逝的快樂時刻，完全不是。

如果想要生意興隆，我們就不應該投入無利可圖的商業冒險行為，也肯定不要投入會讓我們失去一切的商業活動，那會是糟糕的生意。我現在要求你們在心中好好想一想這些問題：什麼是最有利潤的？我們最好去追求稍縱即逝的事物，還是去追求具有長久價值的事物？仔細思考這一點，因為每個人都想要快樂，我們都想要舒適與快樂。在這個世界上，沒有人想要痛苦，每個人都同意這一點，既然這是無異議的，那麼我們是否最好去獲得永久的快樂？

什麼是最重要、具有永久價值的事物？一般而言，最重要的是修持佛法；特定而言，最重要的是去認識自己的佛性，並且加以修持。總而言之，佛性即是覺醒狀態之三身——法身、報身和化身，它們也稱為「三金剛」：金剛身、金剛語和金剛意。空虛的本性是法身，覺察的本質是報身，而空虛與覺察的雙運，即無礙的能力，是化身。心的本性原本是空虛的，這正是我們所謂的「法身」。如果你想要舉一個例子，那麼這空性如同虛空，虛空不是你能夠看、能夠聽、能夠嗅、能夠嚐、能夠碰觸，或能夠思惟什麼是喜歡或討厭的事物。在此，虛空是一個比喻，而不是實際的字面意義。當佛陀說：「無色、無香、無味、無聲、無觸、無法」，這描述了我們的心的樣貌。在佛陀的真實語之中，我們的心沒有可見的色，無聲、無香、無味，也沒有可以感覺的觸，也沒有法（心的對境）。

心性原本是空虛而無根基的，所以，佛陀說：「了悟你心的空性。」「了悟空性」是指去了解和看見我們的心是空虛的、沒有根基的，那是心的本質、特性。那麼，什麼是心的本性？心的本性是一種了知的能力，就佛而言，那種了知稱為「遍知的智慧」。現在，在此時此刻，我們有沒有了知和覺受的能力？在這個世界上，只有一個東西能夠了知、覺受和理解，而那個東西即是有情眾生的心，沒有其他的東西能夠做到這一點。簡而言之，佛陀教導，我們應該了悟空性的意義。

我再重複說明，空虛的品質離於八種有限的造作，它原本是空虛而無根基的，我們以虛空來比喻，因為我們無法創造虛空，虛空不是製造出來的東西。我們以陽光來比喻覺察的品質，沒有人能夠製造陽光。陽光自然而任運地呈現，虛空和太陽永遠不分離，太陽永遠不會跑到虛空之外的地方。這個比喻所指出的意義是，心的本性是空虛的，心的本質是覺察的，而空虛與覺察的雙運即是心的能力。認識和了悟這一點，即是佛法的八萬四千法門的核心。

修持佛法的順序

根據藏傳佛教的傳統法門，學生先從正確而適當地修持四或五次的十萬前行法開始，然後繼續從事本尊修行的生起次第、持咒和圓滿次第。在那之後，上師向學生指出大圓滿和大手印的真正見地。在傳統上，其順序是如此的：首先，你移除自己的障蔽；第二，你使自己本身充滿加持；最後，上師向你指出明覺的本然面貌。

然而這年頭，弟子們沒有這麼多的時間！上師們也不會停留在一處，持續不斷地教導弟子。我聽說，現在有幾個上師先傳授「直指教導」（引導人們修持正行），之後再教導前行法。因此，「見」與「行」就能夠適應時間和環境。在這個時代，有越來越多的人欣賞佛教，對佛教產生興趣，這是因為人們比較有教養，比較聰明。當上師和弟子沒有太多時間相處在一起時，就沒有機會按部就班地傳授教導。我通常也一次給予整套的教法。我家鄉有一句諺語說道：「智者仍然會在無賴的話語中尋找真諦。」

這種從一開始就傳授心要，然後再教授前行法、生起次第、持咒和圓滿次第的方法，可以比作從一開始就敞開大門。當你打開門時，日光一路穿透而入，你站在門口，可以看見最裡面的佛堂。一些佛教導師可能會這麼說我：「他怎麼可以立即指出心性，而沒有要學生先作清淨障礙和積聚資糧的前行法。」某些人可能會提出這種異議，但是我覺得，這麼做沒有不正確之處。為什麼呢？因為我們身處末法時代，有授記指出：「在末法時代結束前，密咒的教法將如野火般燃燒。」在此，「密咒」是指大圓滿和大手印。

老實說，如果修行者已經領受了心性的教法，那麼在記得去認識心性的同時修持前行法，會達到事半功倍的效果。如果我們懷著清淨的發心去修行，那麼會達到一百倍的效果；如果用清淨的三摩地來修行，那麼會達到十萬倍的效果。把前行法和認識心性結合，那麼你的修行就會有巨大的效果。

你也可以懷著良善而誠摯的發心來修持前行法，光是這麼做，肯定會淨化你的惡業。但是，良善的發心不足以作為達到證悟的真實道路。然而，如果你用認識心性的正見從事這些修行，那麼前行法就會變成達到證悟的真實道路。如果你擁有一幅畫有一枝蠟燭的圖畫，它能夠使房間產生光亮嗎？有真正的燭火散發真正的光芒會不會比較好呢？同樣地，當我們修持皈依時，真正的皈依是以離於主體、客體與行為三種概念為皈依的對象，發菩提心也是如此，覺醒心的狀態（究竟菩提心）也是離於以上三種概念。在修持金剛薩埵、曼達供養和上師瑜伽（guru yogi，或「上師相應法」）時，也是如此。而認識真正的見地，即是離於三種概念的唯一途徑。我不認為給予「直指教導」有任何不妥之處，人們可以在之後修持前行法，這完全沒有問題。

另一個重點是，當上師傳授這樣的教法時，上師和弟子之間需要有某種清淨的連結，我覺得我們之間確實有清淨的連結。你們不會有太多的機會去毀壞這清淨的連結，不論是透過不淨觀或損壞殊勝的三昧耶戒來毀壞，因為在此聚會的所有人都不會和我長久相處在一起。所以，你們不會有太多違背三昧耶的機會。話說，上師如同火焰，如果你靠得太近，就會被火焚傷。但是如果你保持一點距離，你就會感受到火的溫暖與光亮，而且不會被燒傷。當你們每個人已經領受了教法而回到自己的處所之後，將不會有機會破壞你們與我之間的三昧耶，這是一件好事。

你們許多人一腳踏在物質世界之中，除此之外，別無他法，因為你們必須賺錢維生。我不是在強迫你們立即成為一個出離者，然後因為這個緣故而陷入窘境。出離心將會隨著你修持心性後自然而然地產生，隨著越來越深層地修持這個教法，你對稍縱即逝的世界和追求的興趣將會自動地減少，將會從內心發現佛陀教法的真正價值，而逐漸地把更多的時間與精力投注在這個修行之上。我不想要或不需要去強迫、驅策任何一個人，這種發展將會自行發生，聰明人自己會了解什麼才是具有價值的。

我想要釐清的另一個重點是：我沒有發明這個教法。我不覺得我自由地談論心性，是在違背任何佛教的法則，我只是在重複過去所有證悟者所發現的事物。不只一、兩個修行者已經了證這個教法，而是有無數個修行者已經了證這個教法，並且全都能夠親自證明它的真實性，他們全都證明了這個教法的價值。如果我只仰賴自己所學習、所了解的事物，那麼我將無法教導你們太多的東西。我的學問淺薄，也沒有從事大量的禪修，如果只是仰賴個人的覺受，那麼我將沒有太多話可說。但是，既然我是在重複證悟者的話語，我對它們的價值便相當具有信心，我不是在說謊，我在此所教導的，都是真諦。

某些人對我說：「我已經修行十年了。」甚或說：「我已經修行二十年了，並且從事大量的閉關。但是，我尚未證得特殊的覺受，或任何特殊的證量，什麼也沒發生。」為什麼會這樣？我們讓時間飛逝而過，不足以稱自己為修行者，這不是修持佛法的意義。我們已經置身輪迴無數個生生世世，我們的心是那麼地全神貫注於輪迴的串習，怎麼能夠期待自己能夠在數年之間完全轉化？它不會這樣發生。串習的模式、三毒和二元分立的執著全都潛伏在我們的心裡，從無始以來，它們已經在那裡了，而且持續不斷地重新製造。每當一個情況出現，我們就再度陷入其中，這種情況一而再、再而三地發生。前行法是如此重要，因為它們能淨化這些負面的串習，而能使我們有所了證。當淨化這些串習之後，我們就能夠真正地了證自己本具的三身，一旦三身完全明顯，我們就已經達到了成佛的境界。

然而，在那之前，我們的佛性是隱藏的，如果我們要讓佛性完全展現，唯一的途徑即是繼續以正統的方法修持佛法。如果只是斷斷續續地修行幾年，我們不會達到佛性完全展現的目標。當然，零零散散的修行確實會製造良好的印記，但是它不會真正地改變我們的深度。如果你想要在兩年之內有所了證，你需要修行，不是偶爾為之，而是要時時刻刻地修行。最重要的修行方式是在於每晚只睡一個小時，其餘的時間要努力保持不散亂，持續不斷，日日夜夜。如果你如此修行，我可以保證，你將在十五年之內達到完全的覺醒、完全的了證。這是毫無疑問的！但是那意味著持續不斷的修行，而不是每隔一段時間修行一次。你掌握了讓這個目標發生的能力。

「蛇頭虎尾」的行者

如果你因為從開始修行以來，沒有發生什麼不可思議的事情而感到挫折、沮喪，那麼你就錯失了重點。出離心是成就、加持與證量的真正徵相，換句話說，你會對輪迴的成就，對輪迴的任何狀態產生自然的醒悟。不幸的是，人們有時會渴望不尋常的事物，一些人期待神明從天而降，賜予他們特殊的力量。其他人則會認為，如果強迫心產生一種讓自己陶醉其中的覺受，他們就能夠時時刻刻享受快感，對佛法修行達到上癮成癖的地步。這種人的眼睛長在頭頂上，不再像一般人那樣地看待事物，並且認為自己非常特別。一些人在進入禪修的轉變狀態（altered state of meditation）之後，他們認為三毒的極細微形式（大樂、明晰和無念的覺受）即是了證，許多人因而陷入他們的信念之中。當你開始有清晰的夢境時，魔羅將會佔你的便宜，他們會假裝成是諸佛、菩薩與本尊的使者前來，而以各種不同的方式帶你走入歧途。

切勿執著於這些短暫的覺受，完全不要執著於它們的重要性。你只要對一件事充滿信心，那就是真正的了證狀態如同虛空般不變，了解這一點是最重要的。真正要緊的是去增長你對佛法的虔敬心和信心，從內心覺得佛法才是要緊的事物，唯有修行才是重要的，這肯定是成就的徵相。

我們總是要培養這樣的感受：「在我的餘生之中，我將永遠不會放棄修持佛法！」否則，我們會誤用佛法，甚至更糟糕的是放棄佛法。當人們覺得不會從修持佛法中為自己得到任何利益時，他們就會拋棄佛法。「我修持佛法已經好長一段時間，我完全沒有從中獲益。或許我最好從商，至少我可以得到一些利潤。」我們康巴稱此為「虎頭蛇尾」。在前半輩子，你是一個模範修行者；但是後來，你對修行的熱忱開始消退；最後，你轉而從商，完全對修行不感興趣。這種佛法生涯肯定會在某個時候讓你感到深深的悔恨。「蛇頭虎尾」就好多了，剛開始，你不是一個那麼令人刮目相看的修行者，但是慢慢地，佛法隨著你的進展而產生效用。在康區，我們稱此為「虎父無犬子」。我們要遵循那樣的範例！

我想要強調這一點：絕對不要放棄佛法！當你從尼泊爾加德滿都步行至印度菩提

迦耶時，途中有許多起起伏伏，不是永遠都那麼容易。途中有山峰、河谷，以及許多我們必須越過的河流，如果你停在途中，就無法抵達菩提迦耶。旅行至菩提迦耶而沒有推遲，代表我們要盡可能地常常應用「見」、「修」、「行」，你要以一種恆常的步調，繼續自己的佛法修持，請一再努力地把修行帶入你生活的每一時刻。我們要常常如此祈願：「願我的生活與修行均等。」不要只是偶爾修行一點點，大多數的時間過著凡俗之人的生活。你要使生活與修行均等！要讓生活的每一時刻充滿修行，不論你做什麼事情，要一再努力地讓自己住於非造作的本然之中。如果你停在途中，最後可能會在尼泊爾邊境滿天塵埃的拉蘇爾（Raxoul）落腳，而永遠不會抵達菩提迦耶。你要認識自己的佛性，如此修持，有朝一日，你將會抵達正等正覺的菩提迦耶。

一九九五年十月三十日，仁波切在納吉寺最後一次公開傳法的最後一天，給予這個開示。仁波切在三個半月之後圓寂。

國家圖書館出版品預行編目資料

如是（下）：實修問答篇 ／祖古・烏金作；艾瑞克・貝瑪・昆桑(Erik Pema Kunsang)英譯；項慧齡中譯, --初版. -- 臺北市：橡實文化, 大雁文化. 2010.09
304面；17×22公分
譯自：As It Is
ISBN 978-986-6362-21-7（平裝）
1.藏傳佛教 2.佛教修持
226.965 99016428

觀自在系列 BA1020
如是（下）：實修問答篇

作　　者　祖古・烏金（Tulku Urgyen）仁波切
英　　譯　艾瑞克・貝瑪・昆桑（Erik Pema Kunsang）
中　　譯　項慧齡
特約編輯　釋見澈、曾惠君
封面設計　雅棠設計工作室
內頁構成　舞陽美術　張淑珍、張祐誠

發 行 人　蘇拾平
總 編 輯　于芝峰
副總編輯　田哲榮
業務發行　王綬晨、邱紹溢
行銷企劃　陳詩婷
出　　版　橡實文化 ACORN Publishing
地址：臺北市10544松山區復興北路333號11樓之4
電話：02-2718-2001　傳真：02-2718-1258
E-mail信箱：acorn@andbooks.com.tw
發　　行　大雁出版基地
地址：臺北市10544松山區復興北路333號11樓之4
電話：02-2718-2001　傳真：02-2718-1258
讀者服務信箱：andbooks@andbooks.com.tw
劃撥帳號：19983379　戶名：大雁文化事業股份有限公司

印　　刷　成陽印刷股份有限公司
初版一刷　2010年9月
初版11刷　2021年1月
定　　價　360元
I S B N　978-986-6362-21-7